Patricia BLANC
avec Emmanuelle SCHAEDELE-GIROIRE

À la petite fille que tu étais

ET MA PLUME

ISBN 978-2-487033-99-3
Crédit photo : @ Xavier Imbert
Illustration et conception de la couverture : Elia Noel

À Margaux,
Pour Floriane,

Je vous en prie, ne me demandez pas si j'ai réussi à le surmonter,
je ne le surmonterai jamais.

Je vous en prie, laissez-moi simplement parler de mon enfant.

Rita Moran

Première partie

À la vie, à l'amour

I

Bousculer le destin

Dimanche 24 septembre 2023

Le domaine de Saint-Cloud n'a plus de secrets pour moi. Je suis émerveillée par les couleurs chatoyantes de l'automne caressant les feuilles des marronniers du parc. Un peu refroidie par la rosée du matin qui pénètre mes baskets. Ébahie à la vue de la tour Eiffel se dressant, telle une femme solide, sur un Tout-Paris à ses pieds. Heureuse de retrouver des visages plus ou moins familiers à l'occasion d'un événement que je ne pourrais manquer.

En ce dernier dimanche de septembre, c'est à un homme que je dois la prouesse, un peu folle, de réunir autant de personnes pour supporter le combat que nous menons main dans la main.

Mai 1992

À l'image de la romance entre Frantz et Sissi, il est entré dans ma vie à Vienne. À quelques détails près : ni robe de princesse, ni château, ni carrosse dans notre histoire. Pour tout décor, une salle des marchés bondée. En guise de spectateurs, une dizaine de traders aux nerfs aiguisés. Auditeurs pour une banque de renommée internationale, nous intervenions sur le même dossier. Rien de plus qu'un simple voyage pour le travail.

Jusqu'alors, je le croisais régulièrement à Paris, nous étions deux jeunes cadres à l'avenir prometteur. Bureaux dans les plus belles rues françaises, déjeuners avec des collègues sympathiques et comptes à rendre à des supérieurs hiérarchiques exigeants étaient nos seuls points communs professionnels.

À notre retour de Vienne, nous avons repris le chemin de nos vies personnelles.

La mienne est bien ordonnée. Méticuleusement partagée entre mon ambition professionnelle, mon fiancé, ma famille et mes amis.

De ce que je perçois, l'agenda d'Olivier est semblable à celui d'un ministre. Lors de nos discussions à la cantine ou devant la machine à café, il affiche clairement son statut de célibataire sans attaches. À l'évocation de ses virées entre copains et de ses voyages à l'étranger, je comprends que c'est un homme amoureux de la vie. Un trentenaire bien dans sa tête et dans ses baskets.

Depuis notre mission en Autriche, des papillons dansent dans mon ventre dès que son regard transperce le mien. Son sourire à mon égard, mi-amusé, mi-gêné, me pousse à croire que je ne le laisse pas indifférent. Je chasse toute idée de mon esprit. Impossible pour moi d'éprouver une quelconque attirance, je suis déjà engagée. Et puis, nous sommes tellement différents. Moi, la jeune femme en tailleur et lavallière, un peu stricte. Lui, l'homme du sud à l'accent chantant, presque désinvolte.

*

Mai 1993

Une année s'est écoulée.

Côté personnel, les préparatifs du mariage s'accélèrent. Côté professionnel, mon chef vient de me proposer une nouvelle mission, prévue pour deux semaines, en Afrique du Sud. Malgré la réticence de mon fiancé, aucune hésitation, j'accepte le défi. L'excitation du voyage et la découverte d'un nouveau continent me projettent déjà très loin de mon domicile.

Lorsque je lis le nom de mon coéquipier sur le dossier, mon visage s'illumine, mon cœur s'emballe. Il faut bien l'admettre, cette réaction me trouble. Après tout, Olivier et moi ne nous connaissons pas vraiment.

En dévalant les escaliers, je croise l'homme qui accapare soudainement mes pensées. Le hasard existe-t-il vraiment ? Pas franchement le temps d'y réfléchir, déjà je lui fais part de la nouvelle. Nous serons ensemble pour mener un nouvel audit. Regard approbateur, sourire aux lèvres, je ne suis pas la seule à être heureuse.

Nous avons deux semaines pour mettre à exécution une feuille de route on ne peut plus claire, Olivier et moi sommes rodés à l'exercice. Accompagnés de notre cheffe de mission, nos patrons attendent un rapport détaillé de l'activité dans les bureaux sud-africains.

*

Nous nous retrouvons tous les trois à l'aéroport. Olivier a changé d'allure, troquant son costume contre un jean, un tee-shirt siglé Harley-Davidson, un bandana et des santiags. Qui est réellement cet homme qui me fait doucement vaciller ?

Alors que j'entame la mission avec une joie non dissimulée, une personne aimerait que je daigne donner des nouvelles. À Paris, mon fiancé continue les préparatifs de notre mariage prévu dans six semaines.

À des milliers de kilomètres du lieu des festivités, difficile de partager un avis sur le plan de table.

Élevée dans une famille plutôt traditionnelle, cette union est inscrite au calendrier de centaines d'invités. Tous sont déjà prêts à venir chapeautés et endimanchés de la tête aux pieds. L'entrain de mes futurs beaux-parents n'a pas trouvé le même écho au sein de mon foyer. Et pour cause, mon père est farouchement opposé à ce mariage. Est-ce par amour ou par simple fierté que je lui ai tenu tête ? J'avais relégué ses doutes si loin que nous avions fini par nous fâcher. Pour la première fois, à des kilomètres des miens, je prends conscience que mon père a raison de s'interroger. Alors que mon futur mari tente de rassembler les réponses des invités, je prends lentement mes distances avec un avenir que je n'arrive plus à envisager. Curieusement, je ne suis pas pressée de rentrer.

Olivier et moi avons le même engagement professionnel, rien ne nous échappe. Nous travaillons beaucoup, avec méthode et entrain, galvanisés par le chantier titanesque. À mesure que les jours passent, nous devons nous rendre à l'évidence. L'ampleur de la tâche nécessitera plus de temps que celui alloué au dossier. Notre direction est sollicitée, nous obtenons trois semaines supplémentaires pour tout boucler.

*

Les semaines sont denses. Les pendules avalent les heures avec une rapidité ahurissante. Olivier et moi n'avons pas le temps de faire la conversation. Malgré la fatigue, dans cette agglomération réputée dangereuse, je suis submergée par un sentiment de sérénité. La présence d'Olivier me rassure. Son petit rituel, qui consiste à faire sonner le téléphone de ma chambre d'hôtel chaque soir, m'amuse et renforce ma quiétude. Entre attirance et interdit, mon cœur balance.

Les week-ends sont dédiés au repos, loin de la ville. Nous quittons Johannesburg chaque vendredi pour des lieux plus époustouflants les uns que les autres. Éreintés, mais curieux de découvrir le pays, nous aimons ces parenthèses enchantées.

Notre cheffe de mission est présente à nos côtés. À-t-elle perçu les sentiments naissants ? Si une urgence professionnelle pouvait la rappeler à Paris, j'en serais ravie. Mon vœu sera exaucé un peu plus tard.

C'est dans le parc Kruger que mon destin a basculé, que ma vie d'avant s'est fissurée. Une soirée qui avait commencé comme les autres : un dîner à trois, un peu de vin sud-africain, des discussions animées. Et puis notre cheffe, fatiguée, finit par rejoindre son lodge. Pour la première fois depuis

Vienne, Olivier et moi sommes seuls face à nous-mêmes, face aux évidences. La lumière rasante du soleil couchant, la douceur de l'atmosphère et les effluves d'alcool ont embrasé nos corps et nos cœurs.

Nos moments à deux se font plus réguliers. Alors que nous rentrons d'un dîner romantique, Olivier monte le son de l'autoradio. Je n'avais jamais prêté attention aux paroles qui résonnent dans l'habitacle. Ce soir le groupe Metallica, dont Olivier est fan, nous porte. Tel un présage pour bousculer le destin.

Never opened myself this way
Je ne m'étais jamais ouvert de cette façon

Life is ours, we live it our way
La vie est nôtre, nous la vivons comme bon nous semble

All these words I don't just say
Tous ces mots que je ne dis pas

And nothing else matters
Et rien d'autre n'a d'importance

*

Le voyage retour fut moins enjoué que le périple aller. Dans ma tête, j'ai préparé mille et un scénarii.

Que faire ? Que dire ? Comment ? Si la tournure nécessitait un plan d'action, mon cerveau avait une conviction, mon choix était le bon !

Paris

Notre vol atterrit au petit matin. La brume donne un air laiteux à la journée qui démarre. L'atmosphère est à l'image de ce que seront les prochaines vingt-quatre heures. Un mélange opaque de peur, d'espoir et de délivrance.

Lorsque le taxi s'engouffre dans ma rue, j'aimerais lui demander de me garder avec lui. Lorsque le chauffeur stoppe le véhicule devant la porte de l'immeuble parisien, je me tâte de lui dire que je me suis trompée. Lorsqu'il dépose ma valise sur le trottoir, je prends conscience que je ne peux plus reculer.

Je monte les escaliers doucement, respire lentement, rassemble mes phrases toutes faites. Sur le palier, j'ai une pensée pour ma grand-mère, cet appartement était le sien. Si elle était là, elle me dirait peut-être comment faire. Ou plutôt, comment ne pas mal faire, ou, ne pas faire mal…

Je fais tourner la clé dans le barillet, passe la tête dans le chambranle entrouvert, jette un rapide coup d'œil sur les lieux. Malgré mon retour annoncé, je ne semble pas attendue. Je pousse la valise dans le couloir, dépose mon manteau sur la patère et retire mes chaussures pour alléger mes jambes gonflées par le voyage. Pas âme qui vive, je suis soulagée. Mais la sensation est de courte durée. La porte de la chambre grince, des pas lourds font craquer le parquet. En deux temps, trois mouvements, le futur marié se trouve face à moi. Les cheveux hirsutes, une barbe négligée et un air endormi me confortent dans l'idée que le réveil n'a pas été réglé pour préparer mon arrivée.

Cet accueil inexistant me donne des ailes. Je saisis le brouillard matinal qui semble avoir pris l'homme en otage pour enclencher la conversation. D'un ton calme et clair, je mets à mal les sentiments, anéantis un avenir tout tracé et pulvérise le futur mariage. Pour seule réaction, une phrase qui mettra un terme à notre vie commune immédiatement : « tu ne vas pas me faire ça… à moi ! »

Je l'ai fait, je l'ai assumé, et je ne l'ai jamais regretté. Au passage, j'ai retrouvé mon père adoré.

II

Enchanter la vie

Le bal des navettes a débuté. Dans la pénombre et la fraîcheur de l'été indien, les premières ombres apparaissent derrière les arbres. Les bénévoles, arrivés dès 7 h du matin, se distinguent des coureurs par leur tee-shirt rose. Je suis toujours aussi émue de les voir rassemblés, tel un seul homme, recevant leurs missions respectives. Celles d'accueillir les sportifs du jour, de les orienter, de les soutenir, de baliser le sentier, de distribuer les dossards. Sans eux, rien ne serait possible. Je ne peux les saluer un par un, mais je les remercierai, du fond du cœur, lors du discours de clôture.

Au loin, j'aperçois Olivier qui court et s'active. C'est toujours à lui que revient la lourde tâche de gérer les derniers imprévus. Comme à Johannesburg, je sais que tout est maîtrisé puisqu'il est là…

Je n'ai pas mis longtemps à évoquer Olivier auprès de mon entourage. Ma mère l'a découvert, en photo, dans un café parisien. Moment de complicité inoubliable. Mon père est venu à sa rencontre lors d'un déjeuner dominical. Le coup de cœur fut immédiat, certaines affinités ne s'expliquent pas.

Aux côtés d'Olivier, tout est simple. La vie est douce, facile, sereine.

Deux âmes, deux personnalités si différentes et pourtant si connectées. Comment envisager qu'un homme ayant parcouru le monde, tomberait amoureux fou d'une jeune femme dont l'unique épopée fut la découverte de l'Angleterre lors d'un voyage scolaire ? Dans nos oreilles, aucun son commun. Lui est adepte de nu metal et d'électro alors que je fus biberonnée à la variété française. Même nos parcours universitaires ne sont en rien semblables. J'avais embrassé des études de droit dans l'espoir de devenir juge pour enfants avant de poursuivre vers la gestion et la comptabilité. Lui avait suivi le cursus d'une école de commerce puis d'informatique. Heureusement que la gestion et l'audit ont fini par nous rattraper…

Depuis notre retour d'Afrique du Sud, je découvre ce que veut réellement dire aimer.

Olivier a un regard franc, percutant, captivant, bleu océan. J'ai totalement remis ma vie en question pour lui alors que nous nous connaissions à peine. Mais je suis portée par une confiance aveugle et extrême, car c'est un homme bon et bienveillant. Un garçon entouré de femmes, qu'il n'hésite d'ailleurs pas à solliciter. Sa mère et sa sœur sont des repères. Accordant de l'importance à ce que je trouve ma place au sein de leur famille, elles sont conscientes que j'ai bousculé ma vie pour lui.

*

Nous avons tu cette idylle à notre entourage professionnel pendant quelques semaines. Besoin de garder ce doux secret, envie de laisser le temps renforcer nos liens, nécessité de ne pas précipiter le cours des choses. Et pourtant…

Olivier n'a jamais caché son désir de partir en expatriation. Lors de nos week-ends de déconnexion, il m'a fait part des discussions amorcées avec notre employeur pour retourner travailler dans la filiale sud-africaine. Dans quelques semaines, il s'envolera pour Johannesburg, contrat longue durée en poche.

Sur les pavés parisiens, dans le brouhaha de la grande ville, mon esprit ne prête plus attention aux passants. Olivier m'a proposé de partir avec lui. Deux options possibles : le laisser filer ou vivre l'aventure avec lui.

Si j'aspirais à un quotidien différent de celui d'une jeune cadre parisienne fiancée, je suis servie. Je ne sais pas par quel bout commencer pour mettre de l'ordre dans l'avenir qui s'offre à moi. Avant d'annoncer à mes parents que leur fille quittera la France prochainement, je m'attelle à la négociation d'un départ pour l'Afrique du Sud avec mon employeur. Dans une même conversation, nos patrons ont compris que nous étions en couple et que j'allais suivre Olivier coûte que coûte.

Ma demande est acceptée, ou presque, impossible d'obtenir un statut d'expatriée. Je ne suis plus à une prise de risque près. Aussi, je suspends mon contrat de travail français et signe un contrat local.

Je dois bien le reconnaître, quitter ma famille et mon entourage me fait peur. Mais pour la première fois de ma vie, je me lance dans une grande aventure avec excitation et fierté.

Nous organisons notre départ avec un enthousiasme contagieux. Nos proches sont sincèrement heureux pour nous, tous projettent de nous rendre visite à plus ou moins long terme. Pour les accueillir, Olivier a la lourde tâche de partir à la recherche de notre future maison, lui qui foulera le sol sud-africain quelques semaines avant moi.

Octobre 1993

Cinq mois après notre premier baiser, et à quelques jours du départ, nous profitons du moment. En dépit de nos différences, grâce à nos valeurs communes, le bonheur a frappé à la porte. Le cœur a pris le pas sur la raison, les décisions furent rapides et radicales.

Nous faisons tinter nos coupes de champagne l'une contre l'autre et trinquons. Au cœur de l'abbaye de Sainte-Croix en Provence, nous vivons le premier grand moment de notre vie amoureuse. En tête à tête, face à nous-mêmes, résolument tournés vers l'avenir, nous célébrons nos fiançailles.

*

Les paroles d'une célèbre chanson de Michel Sardou trottent dans ma tête : « Mes chers parents je pars. Je vous aime, mais je pars. »

L'avion posé au sol, une nouvelle vie m'attend. J'attrape mes bagages à la hâte et les dépose sur un chariot branlant. Alors que je passe la douane, mon cœur bat la chamade. Mes jambes avancent à une allure folle. Je franchis les portes vitrées séparant les voyageurs des personnes qui les attendaient. Certains prennent leur mal en patience, d'autres s'agacent, quelques mines enjouées attestent du bonheur de retrouver un être cher.

Olivier est là. Son sourire trahit sa joie et son émotion. Notre étreinte est longue. Nous nous serrons si fort que nous pourrions nous faire mal. Comme un besoin de confirmer que tout est bien réel.

Nous emménageons dans notre première habitation commune. Le choix fait par Olivier correspond en tous points à ce que j'aurais sélectionné moi-même.

Je prends doucement mes marques dans la demeure immense, dont chaque pièce est aussi grande que mon appartement parisien. Le jardin luxuriant, les nombreux espaces et les matériaux nobles contrastent avec les murs de deux mètres rehaussés de barbelés. La grille verrouillée séparant le salon de notre chambre, ainsi que le panic button placé de chaque côté de notre lit me mettent mal à l'aise. Cette forteresse est entièrement équipée pour nous protéger. J'ai du mal à me faire à l'idée que chaque sortie de la maison nécessite une procédure de sécurité bien rodée pour éviter toute tentative d'intrusion, d'enlèvement et peut-être pire. Mais nous nous prêtons à l'exercice avec rigueur.

Au bureau, certains collègues sont armés. Olivier et moi ne souhaitons pas en faire de même. Les armes sont à l'opposé de nos valeurs. Malgré les risques, nous restons en ligne avec nos convictions.

Si la direction de la banque m'accueille chaleureusement, les traders se tiennent à distance. Dans la salle des marchés que je découvre, les Anglais sont d'un côté et les Sud-Africains de l'autre. Me voilà postée au milieu de la tranchée pour vérifier et réconcilier, chaque jour, les résultats des hommes présents dans l'open space. Je ne me laisse pas décontenancer par l'ambiance quelque peu hostile, portée par l'amour et l'envie de vivre l'expérience à fond.

*

Au mélange d'inquiétude teintée d'excitation que nous apporte cette expatriation, je sais que notre vie à deux sera hors du commun.

III

Accueillir notre enfant

Combien sont-ils exactement ? L'équipe a évoqué hier le chiffre de 5 800 inscrits. Nous aurons à la fin de la journée le nombre précis d'hommes, de femmes et d'enfants réunis sur la pelouse. Nous connaîtrons également le nombre de personnes connectées à distance en France et dans le monde entier.

Une banane, un papillon, Spider Man, un lion, un ours, Mickey et les Schtroumpfs tentent de suivre, eux aussi, l'échauffement orchestré par deux coachs extrêmement motivés. Un seul objectif : mettre les corps et les cœurs en condition physique pour la course. Au milieu de la foule, je croise les familles d'enfants malades, les mamans endeuillées, les papas meurtris, les frères et sœurs combatifs, les petits guerriers et petites guerrières, les généreux donateurs, les sportifs solidaires. Je les couve du regard avec une tendresse infinie.

Olivier et moi ne faisons rien comme les autres.

Pas de liste d'attente en mairie pour définir la date, aucun surbooking chez les traiteurs, pas de ménage à faire dans les agendas trop encombrés en été, autant d'arguments qui ont entériné notre choix. Nous sommes de ceux qui trouvent que les couleurs orangées de l'automne donnent une lumière dorée, presque surnaturelle, aux photos de mariage.

9 octobre 1994

De retour en France pour l'occasion, nous nous marions. L'atmosphère du sud au Barcarès, la douceur de l'arrière-saison et les embruns marins rendent le cadre idyllique. Une jolie bergerie au milieu des vignes accueille notre entourage.

Quel bonheur de retrouver mon frère Stéphane, Maddy et Alain les parents d'Olivier, chacun remarié, Frédérique ma nouvelle belle-sœur, et, bien évidemment Liliane et Michel mes parents. Les familles font connaissance. Grands-parents, oncles et tantes, cousins et cousines, se mélangent à nos amis. Les conversations fusent, les discours nous émeuvent, les danses s'enchaînent. Nous mesurons notre chance d'avoir ce monde, notre monde, à nos côtés.

Nous aurions pu vivre ensemble, heureux, sans nous marier. Mais c'est un engagement important pour nous. Au fond, le mariage est un peu comme les courses à pied auxquelles Olivier est très attaché. En ce mois d'octobre, nous sommes tous les deux sur le départ. Lorsque nos alliances ont glissé sur nos annulaires, le marathon a démarré. Pour espérer atteindre la ligne d'arrivée ensemble, nous devrons courir de concert, accorder nos foulées et nos pauses. Nous savons que le parcours sera long, que nous aurons parfois envie d'abandonner, que nous tomberons peut-être. Nous comptons l'un sur l'autre pour nous soutenir, nous encourager, nous remettre sur pied. Nos proches veilleront dans l'ombre, prêts à bondir de derrière les parapets pour nous venir en aide.

Jusqu'ici, tout va bien…

Nous tenions à ouvrir le bal sur une chanson célèbre, au rythme entraînant, à la gaieté naturelle. Un poème en miroir de notre rencontre, interprété par le talentueux Joe Dassin. Un texte, devenu notre hymne, qui prendra tout son sens au fil de notre histoire : « À toi ».

*

Petite fille, j'ai joué à la poupée. Devenue femme, je me suis souvent imaginée avec un ventre arrondi, sans jamais appréhender la mesure d'un tel bouleversement dans une vie.

Je ne saurais dire si l'instinct maternel est une réalité ou un concept complexe inventé par un philosophe quelconque. Là n'est pas le débat. Ce dont je suis certaine, c'est que j'ai toujours eu la volonté d'être maman. Une envie chevillée au corps de donner la vie, de poser un tout petit contre moi, de le voir grandir et de le chérir. Ce dessein, niché au fond de mon être, s'est amplifié quand j'ai rencontré Olivier. Et pour cause, il est le père dont je rêvais pour mes enfants.

L'odeur de café m'incommode, les voyages en voiture me donnent des haut-le-cœur. Nous serons trois au début de l'automne prochain. Cette saison semble être l'horloge suisse de notre vie amoureuse. Lorsque nous fêterons nos noces de coton, nous serons de jeunes parents.

Olivier imagine déjà le quotidien avec sa future petite fille. Ensemble, ils vont parcourir le monde, danser, chanter, s'adonner à la pratique du sport, attendre le père Noël, faire les devoirs, regarder les matchs de rugby et peut-être même se chamailler.

À l'annonce de la bonne nouvelle, chacune de mes amies y va de son expérience personnelle. Merci les copines !

En 1995, les ordinateurs ne sont pas monnaie courante dans les maisons. Internet ne permet pas encore de répondre à mes innombrables questions de future maman. L'ouvrage « J'attends un enfant » de Laurence Pernoud, est devenu mon meilleur ami. Je suis plus épanouie que jamais, la présence de ce petit être au creux de mon ventre me dote d'une énergie folle.

L'accouchement est imminent, le temps est venu de me reposer un peu. Je dois bien admettre que les vingt-deux kilos supplémentaires accrochés à mon corps sont difficiles à porter ! Les déplacements sont plus compliqués. L'œdème s'est invité dans mes tissus. Mes jambes, mes chevilles et mes pieds sont devenus les poids de lestage de mon être au complet. Je suis prête à téléphoner à toutes mes copines pour leur dire qu'elles avaient raison. Pourtant, je n'ai pas le temps de mettre mon envie à exécution. Le grand jour est arrivé.

*

26 septembre 1995

C'est le début de l'été en Afrique du Sud, les jacarandas sont en fleurs. Après trois tentatives de péridurale et une césarienne en urgence, notre bébé fait son entrée dans le monde à 17 h 01. Une toute petite fille au regard doux, à la peau abricot, aux cheveux d'ange. 2,470 kg et 49 centimètres de pur bonheur. Elle est magnifique.

Le coup de foudre existe, j'en ai la preuve pour la deuxième fois. À la seconde où mes yeux se posent sur mon enfant, je l'aime, instantanément. D'un amour infini, inébranlable. De celui qui vous ferait déplacer des montagnes.

Comme tous les futurs parents, nous avions dressé une liste de prénoms. Nous ne voulions pas le choisir à la légère. Notre enfant devrait le porter pour toujours, bien après nous. Telle la promesse d'une petite fille dynamique, altruiste, optimiste et battante, nous accueillons Margaux. Une perle dans nos vies, selon son origine latine.

Mes parents sont à nos côtés. Leur présence est un cadeau, leur aide est précieuse, car j'ai bien du mal à me remettre de cet accouchement difficile. Papi et mamie tissent avec Margaux un lien fort et unique qui, je l'espère, perdurera malgré notre éloignement géographique.

J'applique la pratique recommandée par les pédiatres du peau à peau. J'attends impatiemment le réveil de mon enfant, même la nuit. Je la berce avec tendresse, pendant des heures, pour calmer les spasmes et les pleurs. J'adapte au plus vite les doses de lait quand elle est affamée. Je soigne les petits bobos, change les couches, donne le bain, lave les bodies et trouve, accessoirement, le temps de prendre une douche ou de dormir.

Les semaines passent à une vitesse folle. Déjà, le congé maternité s'achève. Mes obligations professionnelles doivent succéder à cette parenthèse fabuleuse.

Notre nounou, Descilia, veille avec tendresse sur Margaux. J'ai une totale confiance en elle. J'aime voir ma fille, semblable à un koala, endormie sur son dos. Je l'écoute raconter des histoires et chanter des comptines en zoulou. Elle est devenue une membre à part entière de notre famille.

Le temps libre est consacré à notre petite Margaux. Les mains appuyées sur son landau, j'arpente le jardin qui ceinture la propriété pendant des heures. Nous aimons lui montrer les grands arbres et les jolies couleurs des fleurs dans le parc. À la piscine, nous lui faisons découvrir les joies de l'eau et de la baignade.

Malheureusement, Margaux ne quitte jamais la maison, protégée par ses hauts murs et ses barbelés. Une vie qui nous convenait jusqu'alors, mais que nous ne souhaitons pas lui imposer sur le long terme. Une princesse ne doit pas être enfermée dans une cage, aussi dorée soit-elle.

*

Nous nous envolons tous les trois pour la France, huit mois après la naissance de notre fille. Notre retour était espéré, pour ne pas dire attendu par nos proches. Leur accueil est digne des plus grandes retrouvailles cinématographiques. Je savais que nous leur manquions. Et plus que tout, ne pas voir grandir Margaux était douloureux. La petite princesse est de retour, elle sera choyée.

Nous résidons en banlieue parisienne, dans les Hauts-de-Seine. Changement radical de décor, de conditions climatiques, de cadre de vie. Nous avons trouvé une assistante maternelle formidable pour notre bébé. Je sais que Descilia lui manquera autant qu'elle nous manquera. Mais je tiens à laisser toute la place à cette femme. Elle a accepté d'accueillir Margaux pendant que nous travaillerons dans le quartier d'affaires de la Défense.

Au gré de nos emplois du temps et de nos envies, nous retrouvons la famille tantôt au Barcarès, tantôt en Normandie. Les grands-parents, dorénavant à la retraite, s'extasient des premiers pas, des premiers mots et de l'insouciance de leur petite fille. Déjà, les souvenirs profonds se créent, les traditions englouties par le temps refont surface. Les enfants ravivent la flamme dans les foyers, toquent à la porte du grenier et remettent en bazar les chambres délaissées.

Margaux ne déroge pas à la règle, pour le plus grand bonheur de tous. La voir dans les bras de ma mère, courir après mon père, jouer avec Maddy et Alain, me donnent régulièrement les larmes aux yeux.

IV

Devenir sœurs

La beauté, la prestance et la grâce des chevaux de la Garde républicaine rendent l'instant magique. Je ne sais pas qui sont les plus impressionnés d'entre nous. Sont-ce les équidés eux-mêmes, les cavaliers postés face à une marée humaine ou bien les enfants ébahis ? Au pas, au trot ou au galop, nous allons fouler le sol, tous ensemble, dans un but commun et concret.

Olivier rend hommage à Christophe Dominici, décédé trois ans auparavant. Je pense à lui et à son engagement fort à nos côtés. Je suis certaine qu'il fut accueilli par une étoile là où il repose aujourd'hui…

Avril 1998

J'ai eu la joie de grandir avec mon frère, Stéphane. À l'heure où vous lisez ces pages, nous pouvons toujours compter l'un sur l'autre. Et ce, malgré un quotidien chargé, malgré la distance, malgré nos différences, malgré nous.

Je savais que si j'avais la chance d'être mère, je le serais au moins deux fois. La naissance de Margaux a entériné cette conviction. Je souhaitais qu'elle partage son enfance, ses joujoux, ses bonheurs, ses peurs, sa vie. Olivier et moi rêvions d'un clan uni, complice et soudé.

Du haut de ses trois ans, Margaux piétine d'impatience. Ces neuf mois lui semblent une éternité. Comme ses copines, elle veut accueillir un frère ou une sœur pour jouer avec elle, et rapidement. Nous lui enseignons la patience, elle doit comprendre que sa petite sœur ne va pas se lancer tout de suite dans des parties de cache-cache endiablées.

En attendant le grand événement, quelle joie de partager ma grossesse avec les deux personnes les plus importantes de mon existence. Margaux inspecte scrupuleusement les échographies, aidée par son papa. Nos éclats de rire sont communicatifs lorsque je reçois un énième coup de pied dans le ventre.

Octobre 1998

Une grossesse bien différente de la première. Et pour cause, le suivi en France est beaucoup plus strict qu'en Afrique du Sud. Les vingt-deux kilos en trop sont bannis par l'obstétricien. Et c'est donc avec treize petits kilos supplémentaires sur la balance que s'achève cette douce période.

Nous avons confié Margaux à nos amis Éric et Anne pour nous rendre rapidement à l'hôpital, notre cadette ayant décidé d'arriver sans crier gare.

Le 31 octobre, à 1 h 08, Floriane est née.

Jamais je n'oublierai la venue de Margaux à la maternité de Saint-Cloud, au petit matin, mi-heureuse, mi-intriguée. Elle, encore si petite est devenue, en une nuit, la grande.

Tenant fermement dans ses bras un joli paquet, elle est ravie de découvrir sa petite sœur, tant attendue. Margaux dépose délicatement dans le berceau un doudou bleu et jaune. Pitou dormira avec Floriane pendant de très longues années. Il deviendra son ami, son confident, un réconfort qui la suivra partout.

De retour à la maison, Margaux est très impliquée dans son nouveau rôle. Constamment auprès de Floriane, elle assiste aux changements de couches, participe aux bains et donne même les biberons. Une grande sœur très attentionnée et très câline. Cette arrivée provoque chez elle des envies de renouer avec les habitudes passées. Ainsi, Margaux reprend son pouce et veut dormir dans le berceau avec le bébé.

Le début d'une complicité que rien ne devrait ébranler.

À Saint-Cloud, la vie est paisible. En congé parental, je me délecte de chaque moment partagé avec mes filles. Comme des milliers de jeunes parents, nous goûtons, de nouveau, à la joie des premières fois. Babillages, risettes, mots, pas, petits pots, chutes, bobos, chamailleries, cauchemars, sourires et câlins font notre quotidien. Malgré la fatigue des nuits écourtées, nous sommes au comble de la félicité.

*

Janvier 2000

L'excitation du monde entier est à son comble. Ce nouveau millénaire sera-t-il à la hauteur des espérances de chacun ? Allons-nous connaître de grandes révolutions ? Les prédictions des astrologues rempliront-elles toutes leurs promesses ? Impossible à dire.

Dans notre famille, la nouvelle année est annonciatrice d'un grand projet. Celui de devenir propriétaires pour la première fois. Nous imaginons notre futur nid, modifions les plans à plusieurs reprises, choisissons les matériaux, scrutons les nuanciers de couleurs. Du haut de ses quatre ans et demi, Margaux prend très à cœur l'aménagement de sa chambre.

L'équipe de déménageurs est partie. Les cartons ont été méticuleusement déballés les uns après les autres. Chacun a mis la main à la pâte, même Margaux a rangé soigneusement ses jouets et ses poupées.

Floriane s'approprie l'espace pendant que je m'affaire à poser les voilages. Lorsqu'il rentre enfin du bureau, Olivier découvre le fruit de mon travail. Alors qu'il admire les doubles-rideaux, je sens que son esprit est ailleurs. Il glisse sa main dans la mienne, me rapproche du canapé et m'invite à m'asseoir. Les mots mission, proposition et New York envahissent tout à coup le salon.

*

Avril 2000

Olivier n'a jamais caché son désir de repartir en expatriation. Pour découvrir de nouvelles cultures, sortir de notre zone de confort et développer chez nos filles un esprit de curiosité.

En deux temps, trois mouvements, nous remballons nos affaires. Bien sûr, nous allons revivre le manque de nos familles et cela m'angoisse un peu. À nous d'entretenir le lien entre New York et Paris.

Déjà, nous nous envolons outre-Atlantique.

À notre arrivée, c'est l'électrochoc. Les sirènes résonnent dans nos oreilles, les lumières sont éblouissantes et les gratte-ciel nous donnent le vertige. Nous nous sentons tout à coup petits dans cette ville en effervescence qui grouille et ne dort jamais. Le taxi jaune s'éloigne de l'agitation pour nous déposer devant notre maison, située à une trentaine de kilomètres de New York City. Le comité d'accueil se résume aux écureuils qui grimpent le long des arbres immenses et courent sur les belles pelouses parfaitement entretenues.

Le soir venu, des voisins sonnent à la porte. Ils nous ont vus déballer nos cartons et tiennent à nous offrir des plats qu'ils ont préparés en marque de bienvenue. Leur gentillesse nous rassure, nous nous sentons soudainement moins seuls.

V

Vivre le rêve américain

Olivier fait face à la ligne de départ. Un micro à la main, il accueille la marraine du jour Sarah Ourahmoune, boxeuse la plus médaillée au monde. Ainsi que Jimmy Vicaut, sprinter français. À distance, c'est Medhi Frère, marathonien au grand cœur, qui donnera le coup d'envoi de la course connectée. Lui-même va parcourir dix kilomètres avec l'ensemble de l'équipe de France militaire, en direct de Font-Romeu.

Sur place, la foule est de plus en plus compacte. À chaque sollicitation de Daniel, notre formidable animateur, les bras se lèvent, les cris d'encouragement fusent. Certains arrivent à petites foulées, d'autres à grandes enjambées pour préparer les muscles.

J'aperçois des ballons en forme de cœur. Le mien est pincé, pris en étau entre la joie de vivre cette journée extraordinaire et ma peine, incommensurable.

Aux États-Unis, l'année est rythmée par les fêtes inscrites au calendrier. Margaux et Floriane raffolent de ces moments de joie, de partage, de rire et de traditions en tous genres. Elles ne manqueraient pour rien au monde une seule de ces dates. Et pour être très honnête, nous non plus.

Février

En France, la Saint-Valentin est considérée exclusivement comme la journée des amoureux. Aux États-Unis, elle est aussi un gage d'amitié, de complicité, de remerciements. Nos filles aiment particulièrement cette possibilité de faire un présent à une amie, à une enseignante. Toutes les deux préparent avec minutie des cartes colorées, des petits mots et des cadeaux qu'elles partagent en toute simplicité.

Avant notre départ outre-Atlantique, Olivier et moi accordions peu d'importance au 14 février. Mais depuis notre installation à New York, nous nous retrouvons pour un rendez-vous romantique. Ce n'est évidemment pas notre seul moment à deux, mais nous en avons fait une tradition dorénavant. Lors du dîner, nous évoquons avec sincérité nos envies, nos projets, nos carrières, nos enfants, la France, ceux que nous avons laissés, le rêve américain que nous vivons. Je ne pensais pas que cette date prendrait un jour, une tout autre dimension...

Mai

Lorsque nous avons donné notre accord pour cette expatriation, j'avais imaginé que notre adresse se trouverait à Manhattan. J'ai appris, depuis, à ne plus avoir d'idées arrêtées. À seulement quarante minutes de la frénésie New Yorkaise, le cadre de vie nous sied à merveille.

Notre quartier de résidence ressemble en tous points à celui de la célèbre série « Desperate Housewives », tout comme notre maison. Les beaux jours ouvrent la saison des barbecues. Nous sommes très souvent invités chez nos voisins et amis, et nous recevons beaucoup. La communauté française de Larchmont, où se trouve l'école franco-américaine, est très accueillante. L'improvisation régulière de festivités est devenue naturelle dans notre quotidien bien organisé de Français à l'étranger. Les liens tissés avec notre nouvelle famille de cœur sont extrêmement forts.

Ce que j'apprécie par-dessus tout, ce sont les moments de convivialité que nous partageons dans le kiosque du Manor Park. Sous la tonnelle en dur, posée face à la mer, nous admirons les couchers de soleil.

Les yeux fixés sur l'astre majestueux dont les couleurs changent au gré de la météo et des saisons, mon esprit divague. Quelqu'un, à l'autre bout de la terre, contemplerait-il cette boule de feu comme je le fais actuellement ? Il suffit de regarder dans la même direction pour que le soleil devienne un point de ralliement. Un jour, nous devrons peut-être regarder dans cette direction.

Juillet - août

Nous avons tous notre petite madeleine de Proust. Pour Olivier, le Barcarès est une ode aux souvenirs. La demeure familiale en bord de mer, le chant des cigales, les vignes, les Corbières, la chaleur écrasante, les embruns de la Méditerranée et la quiétude de la région ont rapidement conquis mon cœur de citadine endurcie.

Tel notre fil d'Ariane avec la France, nous renouons avec nos racines dans le Roussillon durant la période estivale. Nous y partageons une maison avec mes parents. Le hasard veut qu'elle soit proche de celle de mes beaux-parents. Une aubaine pour les grandes tablées auxquelles nous sommes attachés. Chaque été, sur ces terres, nos filles renouent avec la culture française. Mon père cuisine pour elles avec enthousiasme, soucieux de leur faire plaisir à chaque repas, grâce à des recettes dont lui seul a le secret. Margaux raffole des filets de poisson, achetés le matin même par un papi heureux, et préparés avec amour. Ma mère est chargée des desserts, pour le plus grand bonheur de Floriane. J'espère que ces moments de complicité seront leur madeleine de Proust à elles. Si tant est que la roue tourne dans le bon sens.

Octobre

Halloween approche.

Au garage, chaque grande période est rangée dans des cartons. Fouiller les étagères pour extraire les bonnes caisses relève d'un Tetris grandeur nature, cela fait partie du folklore. Les filles sortent chaque décoration, chaque déguisement doucement, avec délectation. Tous les ans, c'est une redécouverte.

Les arbres revêtent leurs couleurs automnales, offrant une palette de nuances rousses et mordorées aux paysages. La nature est surprenante. Nous partons, avec nos amis et une ribambelle d'enfants, ramasser les pommes et les cucurbitacées dans la campagne. Chacun rapporte sa plus belle citrouille puis l'évide soigneusement. Les globes oculaires énormes et les bouches édentées ornées de bougies effraient les passants.

Tous les soirs, nous arpentons les avenues pour découvrir les maisons enveloppées de toiles d'insectes à grosses pattes velues. Les araignées deviennent les meilleures amies ou les pires ennemies des enfants en de telles circonstances. Des sorcières terrifiantes sont suspendues aux fenêtres. Près de la gare, un quartier entier s'est transformé en scène d'horreur.

Les deux sœurs se tiennent par la main pour être certaines de ne rien rater, pour montrer à l'autre le détail qu'elle aurait pu manquer. Parfois, elles sont très effrayées, mais elles finissent toujours par rire aux éclats.

Margaux et Floriane choisissent avec précaution les costumes, vérifient que les copines n'ont pas jeté leur dévolu sur les mêmes. Face au miroir de la salle de bains, elles barbouillent leurs visages de taches rouge effet sang et de poudre de maquillage blanc imitation cadavre. Il n'y a pas à dire, elles sont très fortes dans la supercherie. Leur complicité est telle que notre aide est inutile. Je me régale du spectacle à la découverte d'un trait de liner sous leurs yeux, mal assuré. Je me cache discrètement derrière la porte pour les observer prendre soin l'une de l'autre.

Les Américains ne lésinent pas sur les friandises déposées, par poignées, dans les sacs des enfants. Les parents retombent en enfance, suivant leurs petits de maison en maison dans un « trick or treat[1] » en bande organisée. À la fin de la quête, nous partageons le fruit du butin avec les copains, autour d'un goûter généreux. Sur le fameux « Marvel Cake » glacé, recouvert d'une princesse ou d'un personnage Disney, nous répartissons les bougies de l'anniversaire de Floriane. Notre fille est enchantée d'être née à cette date. Après tout, happy birthday et Halloween commencent par la même lettre.

1 *« Des bonbons ou un sort ! »*

Décembre

Leur bonheur à l'ouverture de la petite case du calendrier de l'avent. La frénésie du découpage des catalogues de jouets. L'empressement de poster la précieuse lettre envoyée en Laponie. L'émerveillement devant les grands magasins richement ornementés. Noël est, incontestablement, ma période préférée de l'année.

L'euphorie des décors et des illuminations reprend de plus belle, en cette saison, aux États-Unis. Le traîneau du père Noël, tiré par ses rennes, est posé sur le toit de notre voisin. Les daims, les soldats et les personnages Disney aux mille lumières envahissent les jardins.

Nous emmenons traditionnellement les filles à Manhattan, ville réputée pour son sapin géant, la patinoire du Rockfeller Center ainsi que les superbes vitrines animées de la 5e Avenue. Leur gourmandise est assumée aux abords des marchés de Noël dont les senteurs d'épices et de cannelle chatouillent les narines. Emmitouflées dans des doudounes bleues, parfaitement identiques, les deux sœurs se tiennent par la main. Chacune y va de son commentaire, de sa préférence face à tant d'originalité, de travail et de beauté.

Les regards s'illuminent au moment de déposer l'étoile en haut du sapin, décoré avec les créations réalisées à l'école. Leur joie est intense de retrouver leurs grands-parents pour l'occasion en Amérique ou en France.

Ce sont toujours les filles qui dressent, avec amour, l'assiette du plus grand invité de la soirée. Un cookie et un verre de lait pour lui, une carotte pour Rudolphe son renne.

La longue nuit d'attente s'achève sur la vision du gâteau croqué et des traces de pas dans les cendres de la cheminée. Laissant place au bruit de papier déchiré et à la découverte des cadeaux.

Le temps passe vite. La mémoire conserve les détails qui enchantent l'existence. Je voudrais emmagasiner ces souvenirs pour toujours. J'aimerais que mes filles racontent un jour, à leur tour, ces Noëls inoubliables à leurs enfants. Je voudrais être certaine de les rejoindre, où qu'elles se trouvent, pour partager cette nuit féerique avec elles chaque année. Je rêverais de croire au père Noël pour que la vie reste douce, à jamais. Mais ce vieux monsieur n'existe pas.

*

Nous vivons dans l'insouciance. Quadragénaires dans la force de l'âge, rien ne peut nous arriver. Nos filles sont en pleine santé et épanouies.

Il est où le bonheur ? Il est là... encore faut-il en être conscient.

VI

Chérir l'enfance

Déjà Olivier a quitté son estrade, happé par la foule. Je n'aime pas le perdre de vue, je n'aime pas que nous soyons séparés. J'ai besoin de son regard protecteur sur moi, sur nous, mais nous devons assumer nos obligations.

La musique du film « 1492 » galvanise les troupes. L'émotion est à son comble. Une larme roule sur ma joue. Je l'essuie furtivement et me ressaisis, trop de personnes comptent sur moi aujourd'hui. Je me rapproche autant que possible de la ligne de départ pour applaudir les athlètes du jour.

Le compte à rebours est lancé : « 10, 9, 8, 7, 6, 5, 4, 3, 2, 1, GO ! »

J'ai régulièrement entendu mes amies évoquer les différents traits de caractère des enfants issus d'une fratrie. Je les trouvais touchantes, parlant de leurs petits avec une douceur infinie. Souvent, j'ai raillé leur manque d'objectivité. Dorénavant, je tiens le même discours.

Si mes filles sont très complices, elles n'en sont pas moins extrêmement différentes. À commencer par leur physique. Margaux a de grands yeux marron et une longue chevelure raide qu'elle tient à laisser libre, sans élastique ni fioritures. Le visage de Floriane est illuminé, quant à lui, par deux belles billes bleues. C'est une véritable poupée. À l'inverse de sa sœur, elle arbore souvent deux petites couettes. Espiègle, intrépide, Floriane a une âme de solitaire qui l'amène à créer un monde imaginaire. Elle est déterminée et sait parfaitement ce qu'elle veut, au grand dam de nos jeunes filles au pair.

Margaux est beaucoup plus timide et réservée, mais elle s'investit pleinement dans ses relations amicales. Elle aime partager des moments forts et complices avec ses copines. Son appétence pour les projets qui ont du sens l'amène à participer avec entrain aux manifestations caritatives organisées par son établissement scolaire.

Floriane a l'école en adoration. C'est une élève brillante et studieuse. L'équipe pédagogique a bien du mal à croire que nous ayons mis en place un tableau de comportement, pour elle, à la maison.

Leur plus grand point commun est, sans conteste, la générosité de cœur et d'esprit. Enfin, seulement si j'omets de raconter leur fantaisie consistant à porter, souvent, la même tenue. Ce qui nous amuse beaucoup.

Comme beaucoup d'enfants, nos filles aiment pâtisser. Des tartes raffinées à la française aux énormes gâteaux à la crème en passant par les cupcakes américains bien sucrés, je les assiste dans toutes leurs explorations culinaires. La farine sur le nez, le chocolat léché directement sur la maryse, les crêpes qui menacent de coller au plafond, ces scènes provoquent de grands fous rires dans notre cuisine. Lorsque les pâtisseries sont prêtes, nous nous installons confortablement, tous ensemble, dans le canapé. Margaux et Floriane ne manqueraient pour rien au monde « American Idol », programme télévisé adapté en France sous le titre de « Nouvelle Star ».

À chaque rentrée scolaire, selon leurs demandes, nous les inscrivons à des activités extrascolaires. Danse, claquettes, piano, nombreuses sont leurs passions. Elles participent aussi à des compétitions de gymnastique, comme je le faisais à leur âge. Quel bonheur et quelle fierté de les voir recevoir, ensemble, un beau trophée ! Parées de leur justaucorps aux couleurs du drapeau américain, elles sont sublimes.

*

Durant les vacances, nous parcourons les routes des États-Unis en mobile home. Les filles adorent ce concept de « camion maison » comme elles le nomment en français, qui leur confère une sensation de liberté. À l'arrière du véhicule, elles admirent les paysages des parcs du Grand Canyon, Monument Valley, Yellowstone ou encore Sequoia Park. Nous aimons nous arrêter au milieu de nulle part, seuls, pour déjeuner. Lors de ces intermèdes, tel un besoin d'apporter un peu de notre culture dans les contrées lointaines, je m'évertue à cuisiner des mets français. Quel plaisir de savourer une salade niçoise face aux couleurs orangées de l'Arizona !

Il m'arrive parfois de croire que tout cela est trop beau pour être réel. Je me surprends à penser que tout ceci n'est qu'un rêve et que je vais finir par me réveiller. Nous vivons des moments extraordinaires, une vie faite de joie et d'insouciance. J'espère qu'il n'y aura pas, un jour, un prix à payer pour tout cela.

Je chasse ces vilaines idées de mon esprit et me concentre sur le GPS. Olivier a besoin d'une copilote attentive pour ne pas rater les stations essence et les aires de camping autorisées.

Je mesure la chance que nous avons de voyager à travers le monde grâce à nos expatriations. Dans un coin de ma tête trotte une petite rengaine, notre quotidien est loin de la réalité. Un jour, nous devrons rentrer.

*

Mai 2002

Dans de belles robes blanches, les baptisées du jour sont à croquer. Anne et Jean-Marc ont fait le déplacement pour entourer leur filleule. Caroline et Jerry représentent respectivement la marraine et le parrain de Margaux. Une équipe de choc unie et soudée, reflet de nos amitiés solides.

Le baptême de nos filles me procure une émotion intense. Le prêtre est à l'image de la journée, lumineux et doux. Son sermon est une ode retentissante à la vie que nous écoutons avec attention. Cette bénédiction commune confère une grande complicité à Margaux et Floriane. Elles suivent solennellement les étapes de la cérémonie.

L'eau bénite versée sur le front de l'une, puis de l'autre, m'apaise. Pour toujours, elles sont protégées.

À quand remontent mes premiers souvenirs réels ? Lorsque je fouille dans mon enfance, je reviens inévitablement autour de ma dixième année. Mais que s'est-il passé avant ? Pour sûr, mes tendres années furent gaies. Les photos l'attestent. Quelques flashs, des anecdotes si souvent racontées par ma mère ont fini par me convaincre que je me souvenais. Il n'en est rien. Alors je fais tout pour que Margaux et Floriane puissent conserver précieusement tous ces moments partagés. Un jour, elles auront le plaisir de se remémorer nos vies passées. Faudrait-il chercher là mon obsession à tout photographier, tout filmer ?

VII

Tutoyer les étoiles

Les premiers coureurs s'élancent. La marée bleue est si dense que les derniers arrivés patientent dans le sas de départ en sautillant. Telle une vague déchaînée, les adolescents démarrent, suivis de près par des sportifs aguerris, de très jeunes enfants, des papis et des mamies. Certains guerriers sont portés avec force et détermination par les plus costauds dans des joëlettes adaptées. Le flot s'égrène doucement.

Les champions du jour sont encouragés par des pom-pom girls, une fanfare, des jongleurs, des supporters assidus, des bénévoles, et toute notre équipe. Certains ont fait le choix de réaliser le parcours en marchant. Ce qui compte, ce n'est pas la manière de fouler les cinq ou dix kilomètres, mais l'envie d'aller au bout, pour lutter.

Sur certains tee-shirts, des photos, des souvenirs, des mots d'amour recouvrent les numéros de dossards.

Ce n'est pas la performance qui transporte les sportifs du jour, mais bien le message envoyé à tous nos petits guerriers et guerrières ici, et ici-bas...

Comme dans les livres d'histoire, les dates et les temps forts ponctuent nos calendriers. Celles des mariages, des anniversaires, des diplômes, des épreuves, des décès... Notre mémoire les emmagasine toutes soigneusement. Tout au long de notre existence, elles font surgir des émotions, des sensations et ravivent parfois des images que nous pensions avoir oubliées.

Olivier et moi avons vécu, de près, de nombreux faits historiques marquants.

Le 9 mai 1994 à Johannesburg, nous partageons la liesse des Sud-Africains pour l'élection de Nelson Mandela.

Un an plus tard, l'équipe de rugby des Springboks bat la Nouvelle-Zélande, devenant ainsi championne du monde. Une journée de victoire hautement symbolique qui réunit la Rainbow Nation aux multiples ethnies. À cette occasion, Nelson Mandela arbore symboliquement le maillot du capitaine de l'équipe.

Le 11 septembre 2001, notre sidération est totale. Comme tous les Américains, nous restons estomaqués par la nouvelle. Les deux tours du World Trade Center se sont effondrées sous les yeux de la planète effarée. Mes parents avaient eu la joie de pénétrer dans les tours jumelles quelques semaines avant le drame.

Avec nos voisins, collègues et amis, nous participons aux collectes de fonds lancées sur internet. Avec les bénévoles, nous souhaitons aider les victimes efficacement et rapidement. Face à la réalité de l'horreur, de la mort, de la tristesse et de la peur, la solidarité apaise un peu le chagrin.

Les kiosques, nichés dans les parcs, sont de véritables repères pour le peuple américain. Chacun vient se recueillir, lire, partager un pique-nique. Dans le calme, les promeneurs contemplent les plaques commémoratives qui ornent les poteaux des structures. Depuis la tragédie, nombreuses sont les familles qui rendent hommage à leurs proches dans ces lieux du souvenir. Les noms se sont multipliés, jamais nous ne pourrons les oublier.

Je découvre aux États-Unis la notion de « fundraising[1] » qui favorise le recrutement de donateurs et les collectes de fonds affectées à des associations d'intérêt public. Nous participons chaque année au gala de charité de l'école franco-américaine.

1 *Collecte de fonds*

Donner du sens à nos actions modifie profondément notre vision du monde. Je ne pensais pas que cela aurait, un jour, une autre résonance à l'échelle de notre monde.

*

Notre ami Pascal a convaincu Olivier de faire davantage de sport. Et ce, pour relever de grands défis personnels. Ainsi, les soirées, dimanches et autres jours fériés ne sont plus dédiés au repos, mais aux entraînements. Olivier pratique successivement la natation, le vélo, la course à pied et s'inscrit à de nombreux challenges sportifs. S'il arrivait à cumuler assez de points grâce à ses performances, il pourrait être tiré au sort pour devenir un « Iron Man ». Il faut toujours croire en ses rêves !

Octobre 2006

Direction Hawaï.

À quelques minutes de l'atterrissage, nous enfilons les tee-shirts que Maddy a fait confectionner spécialement pour l'événement. L'inscription « Oliver, number one forever » suscite la curiosité du personnel navigant. Nous sommes fières de leur annoncer que nous venons soutenir l'homme de nos vies aux championnats du monde d'Iron Man. Olivier est déjà sur place, concentré sur son objectif.

Malgré la foule entassée dans l'aérogare, je repère mon mari au premier coup d'œil. Floriane et Margaux se jettent dans les bras de leur père. À la découverte de sa maman et de son beau-père, dont la venue a été gardée secrète, Olivier reste sans voix.

Au petit matin, l'air est chaud et humide. Olivier disparaît vers les stands pour préparer son matériel, obtenir sa puce et s'imprégner de l'ambiance. Nous prenons place sur la digue pour ne pas manquer le départ.

Les pirogues sont prêtes à ouvrir la voie. La musique est poussée à son maximum pour décupler les forces des nageurs qui s'élancent. Sur la joue de Maddy, une larme roule. La fierté d'une maman pour son fils ne connaît pas le poids des années. Ensemble, nous brandissons les pancartes préparées pour encourager notre héros.

Rien ne nous arrête. Pas même la pluie qui complexifie un peu plus cette compétition d'une distance totale de 226 kilomètres. Après avoir enchaîné 3,8 kilomètres de natation, 180,2 kilomètres de cyclisme puis un marathon, Olivier touche au but. À quelques mètres de l'arrivée, il attrape chacune de ses filles par la main. Dans l'euphorie de l'instant, et sous un déluge, Floriane coince sa tong dans une flaque d'eau. Mais elle reste concentrée sur l'objectif de son père, nus pieds. À trois, ils franchissent la ligne d'arrivée.

*

Le sport n'est pas franchement ma tasse de thé. Si Olivier fournit des efforts colossaux pour maintenir sa forme, je dois bien avouer que je suis un peu passive. J'ai pourtant conscience de m'essouffler quotidiennement pour rejoindre la gare centrale de Manhattan. Par manque d'exercice, à cause d'un emploi du temps serré, je cours après le temps et monte dans le train, chaque jour, rouge écarlate.

Tel un électrochoc, à l'aube de mes quarante ans, je me fixe le défi de courir un marathon. Une fois les filles couchées et mon travail terminé, je ne déroge pas à mon heure et demie d'exercices : fractionnés chronométrés à 23 h entre les réverbères de notre rue, exercices de respiration, longues courses avec les copines chaque week-end.

Cette préparation physique et mentale me donne un tonus incroyable. Doucement, je prends goût à l'effort et persévère malgré les douleurs. Je découvre dans mon corps des muscles dont j'ignorais jusque-là l'existence.

Après six mois d'un entraînement acharné, je m'élance au son de « Ride on Chicago » pour mon tout premier marathon. Mon cœur bat la chamade, mon corps trépigne d'impatience, ma foulée se cale sur la musique, les premiers kilomètres me semblent une éternité. Je pense à mes filles, à leur fierté de me savoir ici, au train que je ne louperai plus par manque de souffle, aux années en bonne santé que je m'offre grâce à cette nouvelle hygiène de vie.

À chaque point de ravitaillement, je prends le soin de boire un peu et d'avaler quelques fruits secs. Les kilomètres se font moins douloureux, je prends le temps d'admirer le paysage.

Sur la ligne d'arrivée, quarante-deux kilomètres plus tard, les mots abnégation et persévérance prennent tout leur sens. Je suis heureuse et fière.

*

Nous n'avions pas imaginé que toutes ces expériences auraient un impact si fort sur notre futur. Olivier et moi avons appris à surmonter les obstacles, à nous surpasser ensemble. Telle une inspiration pour la suite…

VIII

Retrouver la France

Éloi est le premier à franchir la ligne d'arrivée. Cinq kilomètres courus en dix-sept minutes, Olivier n'en revient pas. Ce matin, il était certain que cette édition serait celle de tous les exploits et il avait raison. Ses yeux trahissent son émotion, intense, de voir ce jeune homme si engagé dans une lutte qui n'est pas la sienne.

Les écoles sont de plus en plus nombreuses à soutenir l'action, à collecter pour permettre à des étudiants de participer à cette matinée solidaire. Ils seront peut-être les médecins ou les chercheurs de demain, ceux qui mettront à terre un terrible fléau touchant deux-mille-cinq-cents enfants et adolescents chaque année en France.

Mai 2006

Depuis sept ans, nous vivons l'extraordinaire, loin de notre famille, mais entourés d'amis fantastiques. Cependant, nos visas vont expirer. Il est temps pour nous de faire un choix.

Rester…

Demander la green card pour continuer à travailler aux États-Unis ? Rompre nos contrats français et devenir, peut-être, des citoyens américains ? Maintenir nos filles dans un système éducatif bien différent de celui de la France ?

Partir…

Emmener Margaux et Floriane à des milliers de kilomètres de nos familles de cœur, rencontrées au fil des années ? Les séparer de leurs amis ? Les priver des traditions américaines qu'elles affectionnent tant ?

Le besoin de retrouver nos racines et nos familles. La volonté de donner une vision plus réelle du monde à nos filles. La tristesse éprouvée chaque année aux départs des amis expatriés. C'est tout cela qui a conforté mon choix, au grand désarroi de Margaux, Floriane et Olivier.

Avec le recul, je sais que j'avais raison. Heureusement que nous sommes rentrés à la maison…

Septembre 2006

Les filles ne sont pas inscrites dans le même établissement scolaire. Floriane, huit ans, est acceptée en section américaine au Lycée International de Saint-Germain-en-Laye pour terminer son école élémentaire. Margaux, onze ans, est reçue en 6e à l'Institut Notre-Dame, dans la même ville, en section anglaise débutant. Ce n'est pas faute d'avoir poussé notre aînée à travailler davantage pour avoir un bon dossier et démontrer son excellent niveau d'anglais. Rien n'y a fait car elle ne souhaitait pas rentrer en France. Le résultat fut sans appel. Après quelques regrets ou remords, ou les deux cumulés, Margaux s'est faite à l'idée de ne pas accompagner sa petite sœur dans sa nouvelle école. Un établissement plus proche des valeurs et des traditions américaines qu'elle aimait tant. Dommage, la direction n'a pas su reconnaître les compétences de Margaux ni souhaité rassembler la fratrie.

La rentrée scolaire est un événement annuel important pour les familles.

L'angoisse de ne pas être avec son camarade préféré, l'espoir de repartir de zéro, la joie des retrouvailles, le bonheur de porter une tenue choisie pour l'occasion, le plaisir éphémère de sortir des cartables les fournitures neuves.

À l'heure où les enfants découvrent leurs classes, les parents attendent impatiemment la liste des cahiers et stylos à acheter le soir même. Ainsi que les noms des professeurs qui auront la tâche de faire grandir leur progéniture.

Que savons-nous encore du système éducatif français ? Reprendrons-nous nos marques rapidement ? Saurons-nous donner aux filles la force dont elles auront besoin pour s'intégrer dans leurs nouveaux établissements ?

Les États-Unis manquent cruellement à Margaux ; elle ne se gêne pas pour nous le dire. Son adolescence serait-elle plus facile de l'autre côté de l'Atlantique ? Certains jours, je lui donnerais bien satisfaction et ferais machine arrière. Pourtant, je suis convaincue que notre place est ici, en France.

Dire que l'adolescence est une période facile relève de l'ineptie. Margaux, préadolescente, n'échappe pas à la règle. Malgré les rares accrochages à la maison et nos quelques points de divergence, je reconnais sa gentillesse profonde, sa grandeur d'âme et sa sensibilité exacerbée. Elle pense toujours à ses amies restées à New York, continue à prendre des nouvelles et n'oublie jamais leur date d'anniversaire.

*

Tels les doigts d'une main, Pauline, Clémence, Marie, Mathilde et Manon, sont devenues les nouvelles meilleures amies de Margaux. Une amitié profonde et sincère. Ces cinq jeunes filles ont permis à Margaux de faire la paix avec la France et d'accepter l'idée qu'elle puisse y être bien. Notre adolescente insuffle une légère brise américaine dans la vie de ses camarades.

Les soirées pyjamas deviennent rapidement des rituels spontanés et immanquables pour la joyeuse bande.

Je suis heureuse de voir mes enfants construire de nouveaux repères. Les cours de danse font le lien avec les claquettes qu'elles ont pratiquées à New York. L'équitation leur apporte une activité commune. Margaux prend contact avec une professeure américaine de cheerleading et rejoint, chaque samedi, la troupe des pom-pom girls de Paris.

Comme toujours, nos filles se donnent à fond. Nous les éduquons avec des valeurs fortes de travail et d'engagement. Tous les enfants n'ont pas leur chance, nous tenons à ce qu'elles en aient conscience. Chaque jour, par leur dynamisme, elles nous prouvent qu'elles le savent. Pourtant, la chance ne peut pas tout.

*

Floriane n'est plus une toute petite fille. Elle aime que nous lui racontions sa petite enfance. Des souvenirs enfouis trop loin dans sa mémoire, pourtant si présents pour nous. C'est fou comme la notion du temps est différente entre les adultes et les enfants. Lent pour eux, rapide pour nous. Comme le chante si bien, Renaud « Le temps est assassin et emporte avec lui le rire des enfants ».

Margaux nous interroge souvent, elle aussi. Les albums photos nous replongent dans les premières heures de notre histoire familiale, en Afrique du Sud. Elle en a scruté les pages des centaines de fois, pourtant son émerveillement reste intact devant chaque cliché. Je détecte parfois de la mélancolie dans son regard lorsqu'elle détaille les images. Olivier et moi attendions le bon moment pour faire le voyage. Celui qui ramènerait Margaux dans le pays où elle a ouvert les yeux pour la première fois. Maintenant que nos filles sont plus grandes, elles se souviendront.

Avril 2008

Les pieds posés sur le tarmac, l'émotion est palpable.

Âgée de douze ans, Margaux fait connaissance avec le pays où elle est née. L'atmosphère, le soleil, les couleurs, les paysages, les rues, les moindres détails transcendent ma mémoire. J'ai la sensation que nous étions encore là, il n'y a pas si longtemps. Pourtant, nous avons vécu mille-et-une vies depuis que nous sommes partis.

Tel un pèlerinage, nous nous rendons à la maternité qui a fait de nous de jeunes parents. Le personnel, sensible à notre requête, a accepté de nous laisser entrer. Margaux découvre les lieux. La boutique de l'hôpital n'a pas bougé. C'est là que nous avions acheté son premier doudou et un ballon à l'hélium rose portant l'inscription « girl ». Celui que nous avons toujours gardé et qui ne s'est jamais dégonflé. Très vite, nous retrouvons la place de son berceau dans la nursery. Quelle charge émotionnelle ! J'observe ma fille du coin de l'œil. Son visage est rayonnant, elle sait maintenant où sa vie a commencé.

Redécouvrir en famille le parc Kruger me projette des années en arrière. Nos filles sont ébahies par la beauté des lieux. Alors que la nuit joue avec les premiers rayons du soleil, nous partons à la rencontre des animaux de la savane. Emmitouflées dans une épaisse couverture, le nez collé aux vitres de la jeep, elles restent muettes. Le réveil des lions, girafes, rhinocéros, gazelles, guépards, impalas, zèbres et autres buffles les subjuguent. Elles prennent un malin plaisir à nous comparer à ces animaux majestueux. Ainsi, Olivier est un éléphant, stable, solide, une barrière de sécurité avec le monde extérieur. Le léopard, animal guerrier doté d'une très grande force, m'est attribué.

Ce voyage était incontournable. Renouer avec le passé fut salutaire pour Margaux. Pour pouvoir boucler la boucle, il faut trouver le commencement.

*

Mai 2008

« En mai, fais ce qu'il te plaît », un adage qui me sied à merveille. J'adore la tradition du brin de muguet, acheté sur le marché, offert avec tendresse aux personnes qui nous sont chères. Je hume à plein nez, le parfum des clochettes blanches embaumant les maisons. Je me réjouis des premiers barbecues, des bouteilles de rosé bien fraîches, des cerises et des fraises qui reprennent leur place dans les paniers de pique-niques improvisés. Le mois de mai signe le démarrage de festivités ensoleillées.

Pour la première fois depuis notre retour en France, nous recevons la famille au grand complet. Aujourd'hui, nous célébrons la communion de Floriane ainsi que la profession de foi de Margaux. Nous sommes très heureux d'avoir avec nous ceux que nous côtoyons régulièrement et ceux que la vie éloigne, par obligation.

Dans le jardin, les adultes refont le monde. Au fil des conversations, les anecdotes d'antan remontent à la surface. Les regrets de ne pas se voir plus souvent chahutent les esprits, mais ils sont rapidement balayés par les fous rires et les marques d'affection.

De leur côté, les enfants ont transformé le sous-sol en caverne d'Ali Baba. Les cartons éventrés recèlent de trésors. Tels Christophe Colomb et son équipage, cousins et cousines, vont à la découverte de notre Amérique à nous. Les déguisements de princesses, pirates, fantômes et autres personnages de Disney retrouvent leurs usages. Tous exultent, leurs yeux sont remplis de joie. Un pur moment de fraternité familiale.

Nous prenons énormément de photos pour conserver ces douces images. Comme si cette rare fois était la dernière.

IX

Oublier son bonnet

Sur les écrans géants, sont projetées les images des coureurs connectés à distance. À Paris, Lyon, Marseille, au Mexique, en Espagne, au Portugal, en Allemagne, en Norvège, en Égypte... Les athlètes sont partout. Quel bonheur de les voir et de les entendre en direct avec nous ! Certains courent pour leur enfant, leur cousin, leur ami, leur frère, le fils de leur collègue. D'autres n'ont jamais été touchés, pourtant ils sont présents. Cette solidarité m'émeut.

Margaux est là elle aussi, je le sais, je le sens. Confortablement installée dans mon cœur, posée discrètement sur l'épaule de son père, agrippée dans les souvenirs de sa sœur. Pour sûr, elle serait fière...

Décembre 2008

Cet hiver est annoncé comme l'un des plus froids depuis vingt ans. À Paris, le soleil se fait rare et la neige menace de tomber à tout moment.

Si l'air extérieur est glacial, dans notre foyer l'ambiance est chaleureuse. Habitués aux exubérances américaines, nous œuvrons pour que notre maison soit parée à hauteur de l'événement. Sapin immense, guirlandes, lumières de toutes les couleurs, père Noël et renne dans le jardin, rien n'est laissé au hasard.

J'aimais tant cette période de l'avent quand Margaux et Floriane étaient petites. Parfois, je voudrais retenir le temps, l'enfermer dans ma main. Mais, tel le sable, il file entre mes doigts. Même si elles grandissent trop vite, les filles restent émerveillées par la magie de Noël. Alors, dans l'attente du réveillon, nous décidons de leur faire une belle surprise et partons à la découverte de Poitiers et de son Futuroscope.

*

Effet garanti ! Margaux et Floriane sont surexcitées à l'idée de découvrir un parc d'attractions à la française. Deux jours tous les quatre pour profiter, s'amuser, construire des souvenirs familiaux inoubliables et précieux.

Je n'ai pas lésiné sur les pulls, collants, et toute la panoplie digne d'un voyage au ski. Avant de partir, j'ai demandé à chacun de veiller sur son trousseau composé d'une écharpe, d'une paire de gants et d'un bonnet.

Les filles, aux commandes du week-end, ont un programme chargé. Elles comptent explorer tous les manèges. Et si le planning le permet, elles envisagent déjà de réitérer l'expérience dans ceux qui auront trouvé grâce à leurs yeux pour un second tour.

Olivier et moi les suivons, trottinant au gré de leur enthousiasme. Cela nous réchauffe un peu. Chaque attraction a sa spécificité. Sensations fortes, découvertes des dinosaures, immersion dans le monde virtuel, danse avec les robots, course effrénée au cœur de la Vienne, spectacle nocturne, nous n'avons pas le temps de reprendre notre souffle.

Margaux ne cache pas son amertume d'être venue dans un parc aussi chouette en plein hiver. Le froid lui mange les joues, lui grignote les doigts de pieds et commence à lui piquer le crâne. Elle a une grosse migraine. Ce n'est pas faute de lui avoir rappelé de mettre son bonnet afin de ne pas tomber malade. Je ne sais pas si l'oubli est d'ordre esthétique ou s'il relève d'une mégarde réelle. Les heures défilent, les maux de tête persistent et m'inquiètent.

La journée est sérieusement avancée, la nuit tombe. L'humidité infiltre nos vêtements sournoisement. Nos jambes font encore l'effort de nous porter, mais cela ne durera plus très longtemps. L'heure est venue de rentrer à l'hôtel.

*

La nuit fut douce et le sommeil réparateur. Je suis d'attaque pour suivre les filles dans leur nouvelle épopée. Après une douche bien chaude, je saute dans mon jean, enfile un pull en laine épaisse et file rejoindre les miens au restaurant. Seule dans l'ascenseur, je suis d'humeur joyeuse. Et pour cause, je suis heureuse. Ma famille est ma raison de vivre, d'être et de respirer.

En arrivant dans la salle du petit déjeuner, mes yeux se posent directement sur la bonne table. Je les reconnaîtrais entre mille. Je m'approche d'eux avec une énergie folle.

Je me penche vers Olivier qui a commandé son café, l'enlace et l'embrasse. Puis, j'enserre le cou de Floriane pour la câliner. Lorsque je me tourne vers ma fille aînée, mon enthousiasme s'effondre. Margaux est totalement livide. Je dépose un baiser sur son front et lui demande ce qui ne va pas. Je connais déjà la réponse, mais j'ai besoin de l'entendre. Les maux de tête ont anéanti sa nuit. Ce matin, malgré la prise d'un doliprane, la douleur perdure. La sérénité me quitte, l'inquiétude me gagne. Je voudrais rentrer immédiatement, mais Margaux insiste pour que nous poursuivions notre week-end. Je la reconnais bien là, soucieuse de faire plaisir à sa petite sœur.

Olivier est aussi inquiet que moi. Pourtant, nous cachons nos émotions. Tous les enfants du monde tombent malades. Sommes-nous des parents particulièrement anxieux ou trop protecteurs ?

Floriane profite intensément de la journée. Elle embarque sa sœur dans toutes les attractions avec une énergie débordante et communicative. Olivier les accompagne dans chaque file d'attente. Je suis sur la réserve, mon cerveau me joue des tours, je me questionne. À chaque sortie de manège, je scrute la réaction des filles. Les maux de tête de Margaux sont devenus très violents. N'aurions pas dû nous abstenir aujourd'hui ? Peut-être que la force centripète, la course polaire dans ce grand parc et l'oubli du maudit bonnet ont mis à mal la boîte crânienne de notre enfant. J'envisage déjà de prendre rendez-vous avec le médecin de famille à notre retour afin de soigner ce rhume ou cette grippe. Mon inconscient souffle à mon oreille que ces pathologies ne sont pas aussi virulentes.

La fin du week-end n'a plus du tout la même saveur. Je m'en veux tout à coup. Nous aurions dû rester chez nous, au chaud, à regarder des films de Noël en mangeant des chamallows grillés.

X

Pressentir l'avenir

Alors que les coureurs jettent toutes leurs forces dans les derniers mètres à parcourir, sur le terre-plein central l'animation est à son apogée. Les cours de sport, de renforcement musculaire et de danse s'enchaînent. Même les plus récalcitrants se sont laissés séduire. De jeunes enfants, des mamans, Olaf et une tortue Ninja se déhanchent sur les musiques entraînantes. Les animateurs et animatrices des ateliers dédiés aux enfants ont la gentillesse de donner de leur temps, bénévolement. Sans leur aide précieuse, ce dimanche solidaire n'existerait pas.

Sous les tentes, différentes associations présentent leurs actions. Des chercheurs expliquent la génétique aux enfants avec des bonbons. Les étudiants en ostéopathie prennent soin des corps après l'effort. Partage et bienveillance sont les maîtres mots de la journée.

Février 2009

J'aurais aimé que l'épisode des maux de tête, au Futuroscope, soit un fait isolé. Pourtant, les céphalées sont de plus en plus présentes. Ce matin, assise par terre dans la salle de bains, Margaux hurle de douleur, le visage entre les mains. Je me précipite sur le téléphone pour contacter immédiatement notre médecin. Pour la cinquième fois, il me prescrit du doliprane. Face à mon désarroi et devant mon insistance, il concède à envisager un scanner, si les symptômes persistent. Mais le mal est là, bien installé. Ma fille n'arrive plus à se baisser pour toucher ses genoux. Alors que je m'inquiète pour sa santé, elle s'inquiète de savoir comment elle va pouvoir préparer le gala de danse annuel. Impossible de répondre à la question, déjà sa vision se trouble.

Il n'est plus question d'attendre, nous nous rendons au cabinet médical. À l'attitude du docteur, je comprends qu'il me trouve excessive. Lui ne semble pas particulièrement anxieux. Les maux de Margaux sont probablement dus à un faux mouvement pendant son cours d'équitation. Nous devons prendre notre mal en patience et attendre que cela passe. Pour l'heure, nous sommes conviées à prendre rendez-vous chez l'ophtalmologue et à faire pratiquer une analyse de sang. Si la consultation chez le spécialiste nécessite plusieurs semaines d'attente, nous nous rendons sans tarder au laboratoire d'analyses médicales.

*

Je n'ai jamais eu de prémonitions, visions ou prédictions quelconques. Je me suis toujours fiée à mon instinct, décuplé par les arrivées successives de Margaux puis de Floriane. Depuis quelques semaines, un sentiment d'inquiétude gronde dans mon for intérieur. Mon instinct emporte ma conscience sur un chemin escarpé, sinueux, voire dangereux. Aux maux de tête se sont ajoutés des vomissements. Malgré tout, Margaux souhaite aller à l'école. Ce fut possible pendant trois jours…

Vendredi 13

Comme tous les employés de l'esplanade, je quitte mon bureau de la Défense pour le week-end. À mon arrivée à la maison, les filles sont déjà rentrées. Ce qui devait être un vendredi soir joyeux, en famille, se transforme immédiatement en moment de stress et de peur. Il n'est pas l'heure de la sieste, pourtant Margaux s'est endormie sur le canapé. Je la découvre toute habillée, emmitouflée dans son manteau avec ses chaussures aux pieds. Une chape de plomb a envahi l'espace. Je décide de passer outre les recommandations de notre médecin et prends les choses en main.

Demain matin, nous irons chercher les résultats des analyses médicales avant de nous rendre à l'hôpital le plus proche de chez nous. Olivier restera à la maison avec Floriane.

Samedi 14

Si nous nous étions pris au jeu de la tradition à New York, nous n'avons jamais célébré la Saint-Valentin en France. Pour remédier à cela, en clin d'œil à notre vie outre-Atlantique, Olivier a réservé une table pour le soir même sur une péniche parisienne. Cette fête, que je trouvais cliché et sans intérêt avant notre rencontre, a retrouvé son statut de ringarde. Je hais cette date à présent.

Des années que nous n'avions pas mis les pieds dans un hôpital français et, qui plus est, aux urgences. L'état de Margaux ne nécessite pas une prise en charge immédiate puisqu'elle n'est pas en danger vital. Une jeune ado qui a des maux de tête et des vomissements fait partie du quotidien des médecins débordés par des bobos en tous genres, plus ou moins sérieux. Probablement une gastro-entérite pour notre enfant qui patiente sagement.

Un premier homme vient à notre rencontre. Son badge indique qu'il est « médecin adolescent ». Margaux tenant à peine debout, nous sommes conviées dans une pièce où elle peut enfin s'allonger sur un brancard. Le docteur entame son interrogatoire médical. Je profite de cet échange pour lui faire part de mon inquiétude. Il m'écoute attentivement, puis m'invite aimablement à sortir. Je suis priée de me rendre en salle d'attente.

Je scrute la trotteuse de ma montre. Elle ne s'est pas arrêtée, le temps s'écoule trop lentement. Mon estomac est noué et douloureux. De cette maudite pièce, j'aperçois quatre médecins qui se relaient auprès de mon enfant. Le défilé est incessant, je me sens impuissante. Quand j'arrive à héler une blouse blanche dans le couloir, on fait appel à ma patience. Heureusement, Olivier est à mes côtés par téléphone, nous nous réconfortons mutuellement.

Enfin je serre Margaux dans mes bras, perturbée par les heures qu'elle vient de vivre. Le questionnaire médical s'est transformé en questionnaire social. Notre fille ne prend pas de drogue, notre fille n'est pas battue, notre fille est là parce qu'elle est malade ! Je comprends tout à fait que les équipes cherchent à écarter toutes les hypothèses, mais ce que je souhaite maintenant, c'est que mon enfant soit prise en charge.

Le « médecin adolescent » arrive dans la pièce, placide. Selon lui, je devrais me sentir rassurée, il n'y a rien de particulier à signaler chez Margaux. Pourtant, personne ne me fera changer d'avis sur la suite des événements. Je tiens à ce qu'elle retrouve sa pleine santé, son dynamisme et sa vie de jeune fille. La vigilance des parents est requise autour des maladies infantiles, je ne fais pas de zèle, j'applique les conseils. Devant le peu d'empressement du médecin, j'exige que des examens complémentaires soient pratiqués. Il finit par accepter de faire passer un scanner à Margaux, sans aucune conviction.

Deux hommes en blouse blanche viennent à notre rencontre. Je ne laisse rien paraître de mon état, nerveux, aux côtés de ma fille. Pourtant, je suis tiraillée. Une partie de mon être est soulagée de pouvoir l'accompagner jusqu'à la salle d'examens. L'autre partie est rongée par le stress et la peur. Celle qui vous colle des picotements dans chaque recoin du corps et vide votre visage de tout son sang.

Le plateau technique est impressionnant. Ma fille semble tout à coup bien petite, allongée dans le grand tube blanc. Alors que son torse et sa tête sont engloutis sous un cercle immense, je suis priée d'aller attendre à l'extérieur. Je m'exécute.

Je voudrais serrer Margaux contre moi comme quand elle était nourrisson, à Johannesburg. Je voudrais la rassurer, lui dire que tout ira bien et que nous célébrerons la Saint-Valentin ce soir. J'aimerais que sa sœur et son papa soient là. Mon cœur bat si vite que le sang tape dans mes tempes. Interminable est l'attente. Mes yeux fixent la porte de la pièce qui enferme ma petite fille.

La poignée s'abaisse, la porte s'ouvre. Un homme se faufile à la hâte et prend ses jambes à son cou. Pas eu le temps d'échanger quelque mot que ce soit avec la blouse blanche fantomatique. Tel un marathonien, le médecin a disparu dans les dédales de cet hôpital que je hais déjà.

*

Alors que le sprinter en blanc n'est pas revenu, je fais les cent pas aux côtés de Margaux. Enfin, le « médecin adolescent » se présente à nous. Devant sa mine défaite, je tente de me raisonner. S'il semble si inquiet, c'est parce qu'il est marqué par le manque de sommeil. Malheureusement, les mots qui résonnent dans la pièce froide ne confirment pas mon hypothèse. Ils hanteront ma mémoire jusqu'à la fin de mes jours : « Madame. Nous savons pourquoi votre fille a mal à la tête. Elle a une tumeur au cerveau. Prévenez votre mari, une ambulance vous attend pour aller faire des examens complémentaires à l'hôpital Necker ».

Je suis hébétée, K.O debout, sonnée. Dans un éclair de lucidité, je demande à m'entretenir en tête à tête avec cet homme qui vient d'ébranler nos vies. Le plus rapidement possible, afin de ne pas laisser Margaux seule trop longtemps. Je tente d'avoir quelques réponses aux dizaines de questions qui submergent ma tête. Qu'entend-il exactement par tumeur au cerveau ? Comment a-t-il osé être aussi direct face à Margaux ? Son retour est rude. La tumeur n'est peut-être pas maligne mais nous devons faire vite. Son rôle l'incite à être cash. Ma colère se mêle soudainement à la peur, j'aurais aimé un peu plus de tact, docteur…

Olivier et moi avons toujours apprécié nous téléphoner dans la journée. Aujourd'hui, mon appel est terrible, impensable, inconcevable. J'annonce à mon mari la pire nouvelle du monde, de notre monde. La discussion est brève. Olivier confie Floriane aux bons soins de notre jeune fille au pair pour nous rejoindre à l'hôpital Necker où Margaux et moi sommes immédiatement transportées en ambulance.

Mon cœur de mère est en miettes, je dois faire face à mon enfant. De retour à son chevet, Margaux me regarde droit dans les yeux. À mon attention, une seule question : « Maman. C'est bizarre ce mot : tumeur. Tu… meurs, est-ce que ça veut dire que je vais mourir ? »

Deuxième partie

À nos espoirs et à nos illusions

XI

Franchir le seuil

La foule s'amasse doucement sur l'esplanade du parc de Saint-Cloud. Les étirements sonnent la fin de la course. Les bras et les jambes s'allongent. Les gobelets d'eau sont vidés à grandes gorgées. Les corps fatigués contrastent avec les visages lumineux. Les sourires expriment la fierté tandis que les yeux trahissent des larmes versées ou refoulées. Les regards se croisent, se comprennent. Les mains se tendent puis se serrent. Les mots apaisent les maux.

C'est fou comme les lieux peuvent changer selon ce que l'on y vit.

Un bureau en bois orné d'un encrier, rempli chaque matin par un maître en blouse grise. Précieux souvenir pour toute une génération d'écoliers.

Un bureau en formica blanc, installé face à la fenêtre dans une chambre d'adolescent. Pour repasser les leçons, écrire de belles rédactions, râler contre les devoirs, cacher les notes dans un placard.

Un bureau en acajou à l'odeur forte de cire et de vernis. Fierté d'un étudiant ayant prêté serment.

Un bureau impersonnel dans un espace trop clair, aseptisé. Pièce de vie pour médecins dévoués à leurs patients.

J'aimais les bureaux avant, je les déteste dorénavant.

*

Dès notre arrivée à l'hôpital Necker, nous sommes pris en charge par une équipe médicale au complet. Olivier est enfin avec nous. Sa présence réconforte Margaux autant qu'elle m'apaise. À peine avons-nous le temps d'échanger deux mots. Déjà, nous sommes immergés dans une véritable lessiveuse.

Margaux passe une première IRM du cerveau. Cela ne semble pas suffisant, il faut recommencer pour explorer plus bas. D'autres analyses se suivent. Examens, salle d'attente, examens, jusqu'où s'est propagée cette maladie ? De quoi notre fille souffre-t-elle exactement ? Pour le savoir et soulager la compression qui lui donne de terribles maux de tête, une opération est planifiée trois jours plus tard. Sur les conseils du corps médical, nous rentrons à la maison pour dormir un peu et prévenir notre entourage. Nous allons avoir besoin d'aide et de soutien.

Je n'ai pas réussi à fermer l'œil. De retour à l'hôpital, Margaux est inquiète. Et pour cause, elle voit double. Je donne l'alerte au médecin qui l'ausculte immédiatement. Impossible de laisser passer deux jours de plus, Margaux sera opérée aujourd'hui. Il y a urgence, tout s'emballe. Batteries d'examens, douche à la Bétadine, nous passons d'une salle à une autre sans avoir le temps de reprendre notre souffle. Margaux fait preuve de courage. En deux temps, trois mouvements, elle se retrouve allongée sur un brancard, direction le bloc opératoire. Sur ses joues, nous déposons des baisers et des caresses. Penchée au-dessus d'elle, je lui promets que tout va bien se passer, que les médecins vont enlever cette vilaine tumeur et que nous pourrons bientôt rentrer chez nous. Trois doudous sont lovés près de son cœur. Tartine son préféré, le plaid zèbre offert par sa mamie Lili et la peluche achetée par Maddy le matin même. Tous vont connaître le lieu que nous ne verrons jamais, la salle d'opération.

Le brancard roule doucement, les portes se ferment, image gravée pour toujours dans ma mémoire. Le silence règne, une énorme boule d'angoisse s'est emparée de mes entrailles. Margaux n'est plus à mes côtés, je craque. Jamais je n'avais autant pleuré.

*

Six heures que nous patientons dans l'espace dédié aux parents. Nous ne sommes malheureusement pas seuls dans ce cas. Dans la pièce, les émotions des familles sont palpables.

Enfin, l'interne vient nous chercher et nous invite à le suivre. Nous devons nous rendre dans le bureau du professeur qui a opéré Margaux. Sur le court chemin, il nous fait savoir que notre fille est encore en salle de réveil et que nous pourrons bientôt la voir.

Alors que nous passons le chambranle de la porte, le visage du professeur est grave. Assis face à lui, nous découvrons des clichés en noir et blanc. Le cerveau de Margaux a été ouvert, mais impossible de retirer quoi que ce soit. La tumeur est collante et diffuse. Le moment tant redouté est arrivé, le verdict tombe, la tumeur est maligne. Grâce à la biopsie pratiquée, elle sera caractérisée. Ce qui permettra de mieux adapter les traitements.

Le cancer vient de faire son entrée dans nos vies.

Le temps est compté. Dès que Margaux sera réveillée, nous devrons partir à l'institut Gustave

Roussy afin qu'elle puisse être soignée. Nous allons devoir faire preuve de patience, la prise en charge durera, a minima, un an.

J'ai la sensation qu'on me donne des coups sur la tête. Les maudites annonces tentent-elles d'intégrer ma boîte crânienne ? Est-ce un processus utile à mon cerveau pour assimiler toutes les informations ? Ces mots, ces phrases, ces termes médicaux qu'aucun parent ne devrait entendre me font l'effet d'une bombe. Je ne pouvais même pas imaginer que cela n'était que le début. Les cauchemars sont éphémères, le nôtre ne cessera plus jamais.

*

À notre arrivée à Gustave Roussy, malgré la bienveillance et la gentillesse du personnel soignant, mon sang se glace. Nous sommes projetés au cœur du service oncologie dédié aux plus jeunes. Des enfants et des adolescents, la plupart sans cheveux, sont reliés à des perfusions. Leur quotidien est ici, loin du monde extérieur et de l'insouciance. Dans les couloirs, nous croisons des parents qui attendent, certains sourient, d'autres pleurent.

Dix jours, à l'échelle d'une vie, c'est court. Mais dans l'unité dédiée à la pédiatrie, nous vivons les dix jours les plus longs de nos existences. Margaux n'est plus rentrée à la maison depuis l'annonce. Les définitions des mots, attente et patience, s'apprennent ici. Nous découvrons des termes que nous ignorions jusqu'alors. Des appellations plus complexes les unes que les autres qui nous poussent à consulter régulièrement internet. L'être humain ne peut s'empêcher de chercher, de comprendre, d'espérer et nous ne dérogeons pas à la règle. Nos recherches sur le net et nos lectures nous mettent le moral plus bas qu'il ne l'est déjà.

Dans les couloirs, nous échangeons avec les infirmières et le personnel soignant. Ils sont aux petits soins pour notre fille. Malgré la terreur dans laquelle nous sommes plongés, j'ai la sensation d'être dans un cocon, loin du tumulte de la vie extérieure. Les contacts en dehors des murs se font rares. Nous restons auprès de Margaux et attendons les résultats de la biopsie.

Si la mort rôde dans l'hôpital, les bonheurs simples des enfants permettent de tenir debout dans les couloirs de la pédiatrie. Les dessins joyeux contrastent avec les couleurs pâles des liquides qui s'écoulent dans les perfusions. Les clowns déploient une énergie folle pour faire sourire des visages marqués par la maladie.

Les professionnels de l'éducation enseignent ici comme partout ailleurs. Les élèves sont assidus et concentrés. Pour rien au monde, ils ne manqueraient les leçons qui sont le fil d'Ariane avec l'extérieur et la possibilité de retourner à l'école sans lacunes. L'espoir de retrouver la classe qu'ils ont provisoirement désertée.

Dans la chambre de Margaux, des adolescents vont et viennent. Ils font connaissance, partagent les joies et les craintes, se confient.

À la maison, Floriane fait preuve de douceur. Elle sait que sa grande sœur est hospitalisée et que les médecins s'occupent bien d'elle. Nous taisons le diagnostic, tenant à la préserver au maximum de nos angoisses. C'est une petite fille de dix ans que nous devons rassurer et non angoisser. Au fond de mon être, j'espère qu'elle n'aura jamais à rendre visite à son aînée à l'hôpital. Mon intuition, encore elle, me chuchote à l'oreille de ne pas trop rêver.

*

Le temps ne s'est pas arrêté. Olivier et moi sommes convoqués dans le bureau du médecin, lieu où les diagnostics « tombent ». Des pas résonnent au loin. La démarche est énergique, puissante, presque mécanique. L'oncologue qui s'approche ne serait-elle pas en train de se donner de la force et du courage ? Il doit en falloir pour faire face à des parents désemparés.

La porte a été précautionneusement poussée. Une assistante sociale est présente. À l'abri des regards, dans le bureau froid, nous sommes prisonniers. Assis face à la docteure en blouse blanche, la sentence se fait attendre. Son visage est fermé. Les mots semblent retenus, presque choisis, pour nous annoncer le pire.

Margaux a une tumeur glioneuronale maligne de stade quatre induisant un pronostic très sombre. Une tumeur inopérable et diffuse. Les métastases ont déjà envahi le rachis, les cellules malignes se sont infiltrées dans le liquide céphalo-rachidien. À ce stade, la seule chose à faire est de soulager, au mieux, ses douleurs. Le protocole va démarrer par deux séances de chimiothérapie pour tenter de réduire la tumeur. Le corps médical envisagera la suite en fonction des résultats.

Il nous faudra de longues minutes pour comprendre que notre fille est condamnée, ses mois sont comptés. Nous ne voulons et ne pouvons pas croire que le combat est perdu.

Olivier agrippe ma main fermement, nous sommes atterrés. J'essaie d'assimiler les mots et autres appellations médicales. Je reste muette, ne perçois plus les paroles du docteur, trop difficiles à entendre, et m'évanouis.

Les médecins sont-ils formés à formuler de telles annonces ? La manière de dire les choses n'aurait rien changé, mais un peu de douceur dans le monologue nous aurait probablement apaisés.

Quand je reviens à moi, arrivant à articuler quelques mots, c'est pour crier mon désarroi. Il est impossible que Margaux ne s'en sorte pas. Je veux croire que la recherche va progresser et que nous allons trouver un moyen de la guérir. La sentence du médecin est claire et définitive, les chercheurs n'avanceront pas assez pour faire un miracle dans les dix à douze prochains mois.

*

Mon père nous a interceptés à la sortie du bureau maudit. À voir nos mines défaites, il comprend. Ses bras nous entourent d'un amour incommensurable, de celui qui rassure et qui induit « je serai là ». Dans les dédales de l'hôpital, je cherche les mots à prononcer, les termes à utiliser. Je voudrais mettre le temps en pause, permettre à Margaux de continuer sa vie de jeune fille avec insouciance. Le périple est plus court que je ne l'aurais souhaité.

Dans son lit, accompagnée de ma maman restée auprès d'elle, Margaux nous fait face. Si son sourire témoigne de sa joie de nous retrouver, son expression trahit sa peur. Olivier et moi prenons part de chaque côté du lit, mes parents sont serrés l'un contre l'autre. Ensemble, nous faisons bloc. Ensemble, nous prenons l'engagement de nous battre de toutes nos forces pour gagner contre la maladie et faire triompher la vie.

XII

Trouver la force

Sur scène, Daniel met l'ambiance. En aparté, j'appose la touche finale au discours de clôture. Il y a tant de choses à dire, de programmes de recherche à partager, de personnes à remercier, de collecteurs à féliciter. Nous ne voulons oublier personne.

Olivier s'élance sur l'estrade, suivi par Sarah Ourahmoune, Jimmy Vicaut, Erika Moulet, Vianney, Mentissa, Chris Marques, la famille Kretz, Gwendal Marimoutou, Inoxtag, Loretta Dominici. Année après année, les personnalités se mobilisent et courent, elles aussi, pour lutter contre le cancer des enfants.

Le bruit sourd du réveil. Le café, avalé d'un trait. Les bienfaits d'une douche chaude. L'agacement des embouteillages. Les dépôts successifs à l'école puis au collège. L'arrivée sur le fil à la première réunion matinale. Les pauses déjeuner conviviales avec les collègues devenus des amis. L'horloge qui tourne trop vite. Le retour à la maison à une heure tardive. La vérification rapide des devoirs. Les baisers appuyés sur le front des filles. Le verre de vin partagé avec Olivier. La lecture d'un super bouquin avant une bonne nuit de sommeil... Je donnerais tellement pour revivre mes journées d'antan. Avant l'annonce fatidique...

Mon employeur est prévenu, je ne reviendrai pas avant longtemps. Ma fille a besoin de moi pour mener son premier grand combat. À cette annonce, mes supérieurs réagissent avec une profonde bienveillance. Leur accompagnement contraste avec le monde parfois égoïste et individualiste dans lequel nous vivons. L'humanité n'est pas perdue.

L'établissement scolaire de Margaux est mis au fait de son absence pour une longue durée. Le proviseur et le professeur principal ne cachent pas leurs doutes quant au suivi des études en pointillé. Le baccalauréat se prépare, selon eux, dès le collège. Leur faire savoir que Margaux ne passera jamais cet examen, car elle n'aura jamais dix-sept ans, me plonge, une fois de plus, dans un profond désarroi. La sidération du corps enseignant est totale. Les professeurs proposent, spontanément, de venir à la maison pour donner les cours manqués par leur élève les jours où elle ne pourra pas se rendre à l'école. Margaux tient à maintenir le lien avec ses copines pour garder une vie « normale ». Continuer à apprendre, comme les autres, est précieux pour elle.

*

Allongée sur le lit, Margaux vit sa première chimiothérapie. La perfusion s'écoule lentement dans le tuyau relié à son bras par une toute petite aiguille. Comment se fait-il que ma fille ait à subir un tel traitement ? Pourquoi elle ? Pourquoi nous ? L'évocation même du mot chimiothérapie m'effraie. Je n'en sais pas grand-chose, mais j'en connais les effets. Afin de minimiser les nausées, Margaux se voit administrer un comprimé. Son efficacité sera réelle une fois que le bon dosage sera trouvé. Les médecins n'ont pas caché que cela pourrait prendre un peu de temps. Les infirmières se relaient régulièrement au chevet de Margaux. Je suis impressionnée par la bonne humeur de ma fille. En dépit des circonstances, elle plaisante avec le personnel soignant. La maturité dont elle fait preuve est déconcertante. Enfouit-elle ses peurs par pudeur ? Je me garde de lui poser la question, à tort ou à raison.

De retour à la maison, Margaux et moi sommes heureuses de retrouver Olivier et Floriane. La famille est enfin réunie. Je me prends à rêver que la maladie nous laisse un peu de répit. Il n'en est rien, la dure réalité nous revient en boomerang. Pas le temps de goûter aux joies du quotidien, Margaux est prise de violentes nausées.

*

Mars 2009

La maladie est comparable à un tsunami, emportant tout sur son passage. L'équilibre familial est bouleversé par les obligations du protocole médical. Margaux a besoin de notre présence quotidienne. Olivier et moi avons décidé que je resterai auprès de notre fille pendant que lui maintiendra son activité. Une décision lourde de sens pour tous les deux. Les factures, les crédits, les caddies à remplir ne sont pas mis en pause à l'annonce du diagnostic. Le monde continue de tourner.

Je ne peux pas prendre un congé sabbatique, sinon je ne serai pas payée. Notre situation financière ne nous permet pas cette éventualité. Je n'ai pas cumulé assez de jours de vacances pour pallier mon absence longue durée. Une seule solution, obtenir un arrêt maladie de mon médecin au motif de dépression.

Comment se fait-il que les parents ou aidants ne puissent pas accompagner leurs proches sereinement ? Ajouter le stress social au stress médical est une ineptie. Margaux a besoin de moi, mon banquier a besoin que je règle mes échéances et mon foyer a besoin de se nourrir. Mais le système ne prévoit rien pour cela. L'engagement de mon employeur à maintenir mon salaire est un acte d'une extrême solidarité. Je mesure ma chance. Tant d'autres parents doivent faire face à la précarité financière induite par la maladie.

Évoquons également le papa ou la maman qui doit maintenir son activité professionnelle. Comment assurer sa mission alors que son esprit est ailleurs ? Olivier fait preuve d'abnégation, gardant la tête haute en toutes circonstances. Je sais qu'il aimerait être avec Margaux, lui aussi, à chaque instant.

Nous sommes solidaires, le dialogue a toujours été notre force. Nous saurons détecter chez l'autre les moments de doute et pourrons nous remonter le moral mutuellement. Assurément.

Les jours passent et ne se ressemblent pas. Les rendez-vous, nombreux, rythment le quotidien. Visites à l'hôpital de proximité, transfusions sanguines, analyses, aplasies, Margaux n'a pas de répit. De mon côté, je veille sur elle comme le lait sur le feu. Le moindre signe de faiblesse me met en alerte. Les maux de tête sont devenus ma hantise. Je n'ose plus laisser ma fille de treize ans, seule. Sortir faire une course nécessite une organisation millimétrée, en adéquation avec le planning des différents intervenants. Parfois, je profite de la présence d'un professeur pour faire un peu de sport ou simplement me laver les cheveux. La spontanéité n'a plus sa place dans notre foyer.

*

Les craintes de ces dernières semaines étaient fondées, Margaux souffre le martyr. Les maux de tête sont d'une telle violence que je dois la conduire en urgence à l'hôpital Necker. Le constat est sans appel. La tumeur a tant grossi qu'elle comprime la boîte crânienne. Il faut opérer. Pour la seconde fois, les portes du bloc opératoire se referment sur son passage. Pour la seconde fois, je voudrais être à sa place. Une nouvelle fois, j'ai atrocement peur.

Dorénavant, Margaux vit avec une pompe dans la tête. Ainsi, le liquide céphalo-rachidien s'écoule dans une poche adaptée et les compressions sont régulées. Malgré tous nos espoirs, ladite pompe ne lui sera jamais retirée…

Avril 2009

Les chimiothérapies sont planifiées toutes les quatre semaines. Pour cette seconde session, je suis un peu moins tendue. Nous connaissons dorénavant les lieux et le protocole. Des familles nous saluent, de jeunes malades prennent des nouvelles de Margaux, le personnel hospitalier nous reconnaît.

C'est dans cet esprit, apaisé, que j'ai proposé aux amies du collège de passer. Rendre visite à leur copine ne les a pas effrayées, elles ont accepté sans sourciller. Les médecins nous l'ont affirmé, le moral a un rôle prépondérant sur les traitements, nous devons mettre toutes les chances de notre côté. Retrouver tous ces visages familiers, dans ce lieu où aucun enfant ne devrait être, réchauffe instantanément nos cœurs. Les accolades sont longues, les mots sont susurrés aux oreilles tels des secrets bien gardés, les sourires sont francs et sincères. La jeunesse insuffle un vent de fraîcheur dans les espaces chargés d'histoires personnelles plus difficiles les unes que les autres. En l'espace de quelques heures, Margaux est redevenue une adolescente lambda. Ma présence n'est pas utile, je m'éclipse.

À la maison, je retrouve Floriane et donne congé à notre jeune fille au pair qui pallie mes nombreuses absences. Je suis heureuse de partager des moments de complicité avec ma fille cadette, ils sont devenus rares. Comment lui accorder plus de temps ? Comment être présente pour mes deux enfants ? Comment faire plus, tout simplement ? Ma conscience de mère est mise à rude épreuve.

Écouter Floriane me fait un bien fou. Avec joie, elle me raconte sa journée, mime la dernière bêtise de sa meilleure copine, chante la chanson à la mode. Un temps suspendu durant lequel je ne suis plus dans le rôle de l'aidant, mais bien dans celui de maman.

*

Mai 2009

L'institut Gustave Roussy se situe à plus d'une heure et quart de la maison. Je ne pensais pas que les nombreux allers-retours nous épuiseraient autant. Nous ne dormons plus du sommeil du juste. Le stress s'est invité dans nos songes pour les transformer en cauchemars.

Pour la troisième comme pour toutes les autres séances de chimiothérapie, Olivier et moi avons pris l'habitude de passer la nuit à l'hôpital. À tour de rôle, nous restons avec Margaux le soir. Parfois nous nous endormons dans le grand fauteuil bleu en simili cuir installé près de son lit. Parfois nous rejoignons l'hôtel aménagé pour les familles dans un coin de l'établissement.

Mes parents sont arrivés du sud pour rendre visite à leur petite fille. Alors que ma mère fait les courses, met un peu d'ordre dans la maison, accompagne Floriane à ses activités, mon père s'affaire en cuisine. Chaque jour, dans de jolis contenants, il apporte ses mets préférés à Margaux. C'est sa manière à lui de maintenir son moral à flot. Et je dois bien avouer que cela fait son effet.

Nos proches sont extrêmement présents. Venant des quatre coins de France, ils investissent régulièrement la maison. Ces visites donnent un semblant de vie et de gaieté dans notre foyer. Margaux est ravie de retrouver sa famille au grand complet. Tous participent, sans le savoir, à la promesse que je me suis faite. Celle de tout mettre en œuvre pour que Margaux profite le plus possible de la vie.

Mes amies viennent régulièrement nous rendre visite à l'hôpital ou à la maison. Elles écoutent, consolent, réconfortent. Prendre du temps avec elles me permet d'occulter la maladie quelques minutes ou quelques heures. C'est grâce à l'un de ces moments privilégiés que l'arrivée d'un nouveau membre dans la famille s'est décidée.

Margaux est à la maison, pour notre plus grande joie. Nous sommes heureuses de passer une après-midi que l'on pourrait qualifier de normale, avec Valérie. Alors que nous partageons une tasse de thé et dégustons quelques biscuits, mon amie ne cesse de consulter son smartphone. Peut-être attend-elle une nouvelle importante ? Je n'ose pas la questionner. Mon regard doit trahir ma curiosité, elle me tend le téléphone. Sur l'écran, neuf petites boules de poils, collées à leur maman Golden Retriever, prennent la pose. Margaux s'approche, fixe son visage sur l'objet et tombe immédiatement sous le charme. Mes yeux ne quittent plus les chiots, je craque aussi. Je suis certaine que la présence d'un compagnon illuminera ses journées malgré l'adversité. Je contacte Olivier pour lui suggérer l'idée. Le moral de Margaux est notre priorité et nous avons tous les quatre beaucoup d'amour à donner. Pas besoin de le convaincre, il a hâte de rencontrer ce petit bébé. Après une brève discussion avec Floriane, le prénom est trouvé. Ce sera Emy, diminutif de Emilie, en souvenir de la grande amie de Margaux, restée aux États-Unis.

*

Juin 2009

La quatrième chimiothérapie s'achève. Margaux tient à retourner à l'école pour vivre une fin d'année comme les autres. Je sais déjà que ce ne sera pas le cas, mais à chaque jour suffit sa peine. Nous voguons au gré de ses aptitudes et, surtout, de ses envies.

Je ne suis pas étonnée par sa demande de rejoindre ses camarades en classe découverte. Elle était si triste que la date de sa chimio tombe pile sur celle de la grande épopée.

Pour le bonheur de ma fille, rien d'impossible. Chaque moment de vie se doit d'être une fête. Vivre comme si chaque jour était le dernier prend tout son sens. À peine sorties de Gustave Roussy, nous roulons en direction de Clermont-Ferrand. Un peu avant minuit, nous arrivons dans le gîte qui reçoit toute la classe pour une semaine. Malgré le traitement subi quelques heures auparavant, malgré la fatigue du trajet, malgré l'heure tardive, Margaux affiche une mine réjouie. Ses amis ont eu la permission de veiller pour l'accueillir.

À voir le bonheur dans les yeux de ma fille, je voue une reconnaissance infinie à l'équipe éducative. Les retrouvailles sont de courte durée. L'ascension du Puy de la vache, prévu le lendemain matin, nécessite que les enfants dorment suffisamment.

Margaux arrivera parmi les premiers en haut du Mont, forçant l'admiration des professeurs et des élèves. Redevenir une collégienne comme une autre a décuplé ses forces. Ce moment de normalité lui a donné des ailes. Tel un papillon, j'espère qu'elle traversera encore de nombreux jardins et parcourra le monde.

18 juin 2009

Les séances de chimiothérapie ne furent pas vaines. Les cellules malignes dans le liquide céphalo-rachidien ont disparu et la tumeur a légèrement diminué. Aujourd'hui, Margaux est opérée à l'hôpital Necker.

Nous jetons tous nos espoirs dans cette intervention, notre fille aura peut-être une chance de s'en sortir. Nous voulons y croire, est-ce utopiste ? Durant huit heures, nous faisons les cent pas dans les couloirs, prenons des cafés que nous buvons trop rapidement, achetons des sucreries à la cafétéria que nous délaissons instantanément. À l'extérieur, il fait beau. L'été s'annonce doucement, la chaleur réchauffe les corps. Mes parents nous proposent de prendre l'air et tentent de calmer nos esprits alors qu'ils sont dans le même état que nous. Olivier et moi sommes incapables de nous asseoir, nos jambes ne peuvent tenir en place. Rapidement, les allées du jardin de l'hôpital n'ont plus de secrets pour nous. Dans nos brefs échanges, une obsession : quel pourcentage de la tumeur aura pu être retiré ? Nous sommes convaincus que le résultat aura une influence sur les chances de survie de Margaux. Avec le temps, beaucoup de temps, nous apprendrons qu'il n'en est rien. L'important, ce n'est pas la masse, ce sont les cellules cancéreuses.

L'interne vient à notre rencontre. L'opération est terminée, Margaux est en salle de réveil. Nous parcourons le dédale des couloirs de l'hôpital en travaux. La poussière est partout dans ce milieu habituellement aseptisé. Des bouteilles à oxygène sont accrochées aux brancards pour prendre l'ascenseur. En cas de panne, elles permettent aux malades de respirer correctement en attendant les mécaniciens. L'instant est incongru, presque rocambolesque. Alors que ma fille est au plus mal, je ne peux m'empêcher de penser que l'hôpital public est malade lui aussi. Un jour, quand Margaux ira mieux, je me pencherai sur le sujet et ferai bouger les lignes. Telle est ma promesse.

Dans sa chambre, Margaux semble sereine. De gros pansements recouvrent sa tête. Des filets retiennent les bandages blancs. Cette troisième cicatrice sera probablement la plus importante.

Le médecin nous rejoint. La tumeur a été réduite de soixante-dix pour cent. Un pourcentage au-delà de nos espérances, une réelle victoire. Le médecin reste cependant distant. Se garde-t-il de nous dire que nous sommes dans le déni ? Portés par la liesse du chiffre annoncé, nous sommes confiants. Le combat n'est pas terminé, nous allons le remporter.

XIII

Capturer les heures adolescentes

La foule est invitée à se rapprocher de la scène. L'animation collective, chère à Olivier, est annoncée. La consigne du « left to right[1] » est énoncée, une marée humaine s'élance de gauche à droite puis inversement. Bras dessus bras dessous, les participants suivent le mouvement. Nous avons une surprise pour eux...

Chris Marques nous fait l'honneur de sa présence pour la première fois. Avec la joie et la bonne humeur qui le caractérisent, il propose un petit défi à l'assemblée. Après cinq ou dix kilomètres de marche ou de course, malgré la fatigue, les sportifs du jour apprennent les pas de base de la salsa. Le rire du danseur professionnel est communicatif, sa spontanéité galvanise les troupes.

1 *De gauche à droite*

Été 2009

En dépit de la maladie, Margaux reste égale à elle-même. Une jeune fille avide de découvertes, proche de sa famille et fidèle à ses amis. Nous venons de traverser l'enfer, le chemin sera long. Les médecins ont été francs, le plus dur est devant nous.

Margaux a compris que sa vie d'adolescente allait être bousculée pour une période indéterminée. Pourtant, elle rêve de rires partagés. Lorsqu'elle me parle des embruns de la mer, de la douceur du soleil et des souvenirs heureux dans le sud, il me vient une idée.

Seulement dix jours après l'opération, avec l'accord des médecins, j'emmène Margaux au Barcarès. Ses cinq meilleures amies sont enchantées de débuter leurs vacances d'été par une semaine de repos, entre copines.

Avant la maladie, je laissais doucement ma fille gagner en autonomie et en indépendance. Aujourd'hui, je veille sur elle comme quand elle était petite, avant que le cancer nous mette un genou à terre. Je me fais discrète afin que ma vigilance ne trahisse pas mon inquiétude. Comme toutes les collégiennes de leur âge, nos six adolescentes ont des velléités de sorties.

Sur la plage, les lumières de l'estrade brillent, les jeunes bougent au rythme de la musique. Margaux ne déroge pas à la règle. Malgré les marques de toutes les couleurs le long de sa colonne vertébrale pour préparer les prochaines séances de radiothérapie, elle a tenu à porter sa jolie robe, dos nu. Sa force de caractère est impressionnante. Sur la piste de danse, son corps met en exergue cette rage de vivre dont je suis admirative et fière. Tapie dans l'ombre, je surveille chacun de ses mouvements et surtout, ceux des autres. Il ne faut absolument pas que Margaux soit bousculée, elle ne doit recevoir aucun coup sur la tête.

Les rires, la bonne humeur et les tubes de l'été ont rendu cette soirée mémorable.

Au contact de tous ces jeunes, ma fille s'interroge. Connaîtra-t-elle les émois liés à son âge ? Lorsque Margaux me demande si elle embrassera un garçon un jour, mon sang ne fait qu'un tour. Personne ne m'a préparé à ces questions, aux réponses à donner, au futur à envisager. Alors, je lui souhaite de tomber sous le charme d'un jeune homme formidable qui saura l'aimer autant qu'elle aime le monde. Son regard trahit ses craintes, fondées.

Depuis le début du combat, nous avons appris à apprécier les instants de normalité, chaque progrès, chaque sourire, chaque jour. Margaux a savouré tous les moments de la semaine. Les amies ont regagné leurs foyers en région parisienne, le temps suspendu est rattrapé par la triste réalité.

*

Les six semaines de radiothérapie quotidienne rythment la saison estivale. Notre ami Ben, chauffeur de taxi, nous escorte pour les nombreux allers-retours de la maison à l'hôpital. Il nous arrive de nous lancer dans de longues conversations, coincés dans les embouteillages. Il nous arrive de nous taire. Ben sait exactement quand j'ai besoin d'échanger ou non. Comment ferions-nous sans lui, toujours prêt à rendre service, toujours disponible ? Son aide et sa bienveillance sont des cadeaux, son amitié nous est chère.

Les effets secondaires du traitement sont immédiats. Margaux sent de moins en moins bien son pied. Elle perd chaque jour un peu plus la sensibilité du côté gauche de son corps. Nuit après nuit, les cheveux restent accrochés à la taie d'oreiller. Au commencement, quelques mèches puis des plaques entières. Nous sortons du placard la perruque que nous avions pris le soin d'acheter, ensemble, en prévision de ces moments difficiles.

À l'institut Gustave Roussy, un salon de coiffure est dédié aux malades. Une femme, formée pour la circonstance, accueille Margaux avec douceur. Alors que les ciseaux s'agitent, elle veille aux cicatrices engendrées par les opérations. Ici, pas de miroir, ma fille est à l'aise. Le brun se mêle au gris du carrelage, le crâne est totalement nu. La coiffeuse pose la perruque délicatement sur la tête, Margaux est magnifique.

De retour à la maison, nous sommes joyeuses. À sa demande, je la laisse investir, seule, notre salle de bains. Première rencontre avec sa nouvelle apparence, grosse épreuve pour une jeune fille en fleur.

Margaux a commandé des perruques de toutes les longueurs et de toutes les couleurs sur internet. Lorsqu'elle aura la force d'aller à l'école, elle choisira celle qui correspond le mieux à son humeur. À la maison, les bandeaux joliment noués sur son crâne illuminent son visage. Nous avons pris l'habitude de la voir déambuler tête nue. Cela lui va très bien, même si ça me fend le cœur.

Septembre 2009

Comme tous les enfants de France, Margaux et Floriane reprennent le chemin de l'école. Après un été fait de hauts et de bas, elles sont enchantées de retrouver leurs camarades, leurs professeurs et les routines rassurantes des emplois du temps. Elles ont passé des heures à choisir les tenues pour le grand jour, prodiguant l'une à l'autre des conseils avisés.

Ce matin, elles sont en avance et prêtes à partir dès le lever du soleil. Dans la voiture, les pronostics sur les compositions des classes vont bon train. Floriane quitte le véhicule la première, prenant à peine le temps de m'embrasser. Lorsque nous nous arrêtons devant le collège de Margaux, la tension est palpable. Un mélange d'excitation et d'appréhension s'est emparé de nous. Je ne peux m'empêcher de penser à ce qui pourrait lui arriver, un malaise, des maux de tête, des nausées. Elle est angoissée à l'idée de ne pas tenir toute la journée, trop fatiguée. Elle a peur que ses camarades découvrent qu'elle porte une perruque. Nous nous serrons l'une contre l'autre pour nous donner du courage. Lorsque Margaux claque la porte et marche vers l'entrée principale, je la couve du regard. Mes yeux se posent sur ses nouvelles chaussures, elle boite. Mon ventre se tord, le problème ne vient pas des bottes, mais de la maladie qui progresse. Nous devons absolument profiter du temps qu'il nous reste, des activités qui sont réalisables pendant que Margaux le peut encore.

Le 26 septembre 2009, je prie pour que les quatorze bougies soufflées par Margaux ne s'éteignent jamais.

Octobre 2009

Les États-Unis et nos amis nous manquent. Olivier s'est beaucoup entraîné pour le marathon de

New York. Je tiens à ce qu'il aille au bout de son projet, cela lui donnera l'énergie nécessaire pour affronter les semaines à venir. Alors c'est décidé, nous prenons l'avion et partons soutenir le sportif de la famille dans cette nouvelle aventure.

L'accueil de nos amis à l'aéroport est l'illustration même du faste américain. Je saisis l'impact de notre retour pour ceux qui sont restés sur place. Nous rapportons dans nos bagages un peu de leur culture française et nos souvenirs communs. Les filles et leurs copines attendaient ces retrouvailles avec impatience. En quelques minutes, Margaux et Floriane renouent avec leurs racines américaines. L'accent est appuyé et les traditions de nouveau embrassées. À l'image d'Halloween que nous organisons avec délectation.

Margaux est fatiguée, mais New York semble lui redonner de l'énergie. Je m'efforce de sourire et tente de profiter de chaque instant loin de Gustave Roussy. Malgré l'entrain de toute la famille, je ne peux m'empêcher de ressasser. Et si c'était la dernière fois que nous visitions, tous les quatre, ce pays que Margaux chérit tant ?

*

Depuis notre retour en France, les filles évoquent souvent les grands parcs d'attractions américains qui ont bercé leur enfance. Les récits sont empreints de nostalgie, elles aimeraient dorénavant découvrir tous les parcs français. Chat échaudé craignant l'eau froide, loin de moi l'envie d'organiser une sortie du côté de Senlis ou de Marne-La-Vallée. Pourtant, leurs supplications ont rapidement raison de mes idées bien arrêtées. En moins de temps qu'il ne faut pour le dire, les billets sont réservés et nous faisons la queue sur le parking de Disneyland Paris.

Face au château de la Belle au bois dormant, la magie opère, les yeux brillent. Ayant préparé méticuleusement leur visite, les filles ont un programme précis en tête. Déterminée à arpenter les lieux en long, en large et en travers, Floriane pousse le fauteuil roulant de Margaux avec une énergie décuplée. Depuis quelques semaines, sa sœur ne peut plus marcher seule sur une longue distance.

Pour chaque manège, nous sommes conviés à entrer par la sortie. Ce petit statut de privilégiés confère un sourire timide à Margaux mi-amusée, mi-gênée par la situation.

De Space Mountain en passant par le monde des poupées et la parade, elles ont tout testé. Au soleil couchant, nous sifflons en chœur la ritournelle qui a bercé notre journée « It's a small world » et regagnons notre hôtel. Mickey, Minnie, Cendrillon, le Capitaine Crochet et tous les personnages du monde merveilleux de Disney nous accueillent à bras ouverts. Malgré la fatigue qui se lit sur son visage, Margaux est heureuse. Il n'y a plus de maladie, uniquement de la magie.

Sur le trajet du retour, je ne peux m'empêcher de jeter un œil dans le rétroviseur. Dans l'habitacle, les musiques du moment ont chassé Joe Dassin sans ménagement. Les filles gloussent, se racontent des secrets, chantent à tue-tête. Je prends tous ces moments de rire, de joie et de complicité tels des cadeaux. Je ferme les yeux pour graver ces instants dans ma mémoire, pour toujours. Ce week-end, loin de l'hôpital, nous sommes une famille comme une autre.

*

Noël 2009

Nous avons à cœur de préparer les fêtes en famille, les lumières doivent scintiller encore plus fort cette année. Je suis incapable de prédire l'avenir, mais je tiens à ce que ce Noël soit le plus beau de notre vie. Pour le ranger, un jour, avec nos plus doux souvenirs.

Les cartons contenant les trésors ramenés des États-Unis sont déballés. Toutes les décorations sont mises à contribution pour faire de notre maison la plus joyeuse du quartier.

À l'école, les projets sont nombreux. Goûters de Noël, transformation des salles de classe, préparation de petits cadeaux, les enseignants ne sont pas à court d'idées.

La professeure d'anglais de Margaux a proposé à ses élèves d'apprendre une chanson de leur choix, pour célébrer la fin d'année. Lorsqu'elle me fait part du projet en rentrant des cours, je suis persuadée que ma fille a décliné, tétanisée par sa timidité. En dépit de la maladie, de la fatigue, du traitement lourd à supporter, Margaux a décidé de se lancer en interprétant « Imagine » de John Lennon, seule.

Au matin de sa prestation, je la dépose au collège, l'embrasse et l'encourage.

Quelques heures plus tard, ma fille est fière d'avoir relevé son défi personnel.

Le 24 décembre au soir, toute la famille est réunie chez ma belle-sœur en Provence. Margaux a souhaité faire des cadeaux personnalisés pour chacun. Elle s'est appliquée à coller de jolis papiers de soie sur des plateaux et des cadres photos. Des présents devenus précieux pour ses grands-parents et sa marraine.

Au moment de passer à table, Margaux semble avoir le trac. Malgré mes interrogations, elle reste silencieuse. Alors que nous sommes tous installés dans le salon, elle demande l'attention des convives. Tout à coup, elle chante...

Imagine there's no heaven
Imagine qu'il n'y ait pas de paradis

It's easy if you try
C'est facile si vous essayez

No hell below us
Pas d'enfer en-dessous de nous

Above us, only sky
Au-dessus de nous, seul le ciel

Imagine all the people
Imaginez tous les gens

Livin' for today
Vivant pour aujourd'hui

Les paroles imprègnent mon corps. Je sais, en mon for intérieur, que nous partageons notre dernier Noël tous ensemble. Alors je chasse la petite voix dans ma tête qui essaie de me ramener à la réalité. Laissez-moi profiter…

Comme dans de nombreuses familles, nous avons besoin de deux jours pour célébrer l'événement.

Le 25 décembre, les festivités ont lieu chez mes parents, au Barcarès. À l'heure de l'apéritif, les cadeaux sont ouverts avec joie, les photos prises au pied du sapin immortalisent l'instant. Dans quelques heures, nous partirons à la montagne dans les Pyrénées.

Alors que nous nous apprêtons à déjeuner, Margaux nous interpelle, elle voit double. Mon sang se glace, Olivier quitte la table pour s'isoler dans la chambre. Mon réflexe est d'appeler l'hôpital de Perpignan pour faire part de notre arrivée imminente à l'équipe médicale.

Lorsque je retrouve Olivier dans la pièce adjacente, il pleure à chaudes larmes. Lui, de nature optimiste, cède à la réalité. Nous le savons tous les deux, c'est le début de la fin.

XIV

Positiver le combat

Pourtant fidèle à l'événement, Vianney n'avait pu être des nôtres l'an passé. Sur l'écran géant, nous avions diffusé son gentil message : « Salut, c'est Vianney. J'ai les boules parce que je ne peux pas être des vôtres en ce beau dimanche. Je me rattraperai l'année prochaine, je vous retrouverai ».

Le chanteur au grand cœur a tenu promesse ! Il est de nouveau parmi nous au Domaine de Saint-Cloud. Accompagné de Mentissa, il rend hommage à Noé, rencontré huit ans plus tôt. Devenu étoile, Vianney ne l'a jamais oublié. Aujourd'hui, c'est pour lui, pour Margaux et tous les enfants qu'il gratte sa guitare avec force, entonne ses chansons avec passion, déchaîne la foule.

Les médecins ne cachent pas la gravité de la situation. Le temps est compté.

J'ai donné la vie à Margaux, elle ne peut pas partir avant moi, ce n'est pas dans l'ordre des choses. Elle a toute la vie devant elle, nous devons tout tenter pour la sauver. Il arrive que le sentiment d'impuissance me gagne, pourtant je ne baisse pas les bras. Olivier et moi passons des heures et des nuits sur internet. Nous voulons tout savoir du glioblastome pour trouver un nouveau traitement. Nous prenons contact avec des chercheurs, des médecins, des malades et toutes les personnes à même de nous aider. Nous adressons le dossier médical dans plusieurs pays en Europe, aux États-Unis, en Israël et même en Chine. Nous espérons gagner du temps pour permettre à Margaux de bénéficier des futures avancées que la science pourrait lui prodiguer.

Malheureusement, Margaux n'a que quatorze ans. Alors que plusieurs traitements innovants sont proposés aux adultes, il n'y a aucun essai clinique ouvert pour une adolescente de son âge. C'est inconcevable et inacceptable.

L'absence de soins de support est consternante. Aussi, nous nous démenons pour trouver des moyens efficaces de soulager notre fille. Nous sommes tentés de croire aux belles promesses de chamans ou de médecines parallèles, prêts à tout pour sauver notre enfant. Tout le monde le ferait à notre place, une place que nous ne souhaitons à personne.

À mesure que les mots clés sont tapés dans la barre de recherche, des dizaines de pages s'ouvrent sur l'écran. Nous nous relayons, des heures durant, pour trouver des alternatives à la médecine traditionnelle. Cette médecine du vingt-et-unième siècle qui ne peut plus rien pour notre enfant. Si Margaux ne peut pas guérir, permettons-lui de ne pas souffrir.

Nous ne lâchons rien et notre pugnacité paie. Avec l'aval du docteur, nous mettons en place un planning de soins adaptés. Se succèdent à la maison, kinésithérapeute, ergothérapeute, orthoptiste, infirmière et kinésiologue.

Margaux connaît parfois des baisses de moral, la dégradation de son corps la mine. Elle qui a toujours été fluette a du mal à se reconnaître. La cortisone lui fait prendre du poids, mais il est impossible de s'en passer. Ce médicament est d'une efficacité redoutable face aux douleurs qui s'accentuent chaque jour un peu plus.

Guidée par l'ergothérapeute, les mains plongées dans des lentilles sèches, Margaux répète inlassablement les exercices indispensables à sa motricité, perdue peu à peu. La fille de la marraine d'Olivier nous a proposé son aide. Kinésiologue personnelle de Christophe Dominici, Marion travaille sur le rééquilibrage énergétique. Les petites victoires sont précieuses. Un bras qui se lève d'un centimètre puis de trois, et jusqu'à dix, peut sembler anodin. Chez nous, c'est un événement, une prouesse.

Margaux ne se plaint jamais, elle endure tout avec courage. Nous la préservons des échanges difficiles avec les médecins. Il n'y a pas de traitement pour faire face à sa maladie, pas de protocole spécifique. Si la recherche foisonne sur les cancers de l'adulte, elle n'avance qu'à petits pas sur les cancers pédiatriques. Les enfants sont soignés avec des médicaments destinés aux grands, calibrés pour les plus jeunes. Nous sommes outrés par le constat amer que nous faisons. Les enfants ne sont pas des adultes en miniature, ils ont besoin de traitements adaptés. Les allocations budgétaires ne sont pas déployées pour lutter contre un fléau qui tue cinq-cents enfants par an en France. Ils sont pourtant notre avenir, la jeunesse devrait être dans les priorités de la recherche.

Quand notre fille nous interroge, nous ne lui cachons pas que la situation est préoccupante. Comme nous, elle aimerait que la médecine progresse, que les enfants soient guéris, que son combat ne soit pas vain.

*

Margaux est née en même temps qu'internet. Elle qui a connu l'engagement et le soutien à de nombreuses causes aux États-Unis souhaite parler de son combat. Il est temps que les consciences s'éveillent. Lorsqu'elle me présente sa page web de collecte de fonds, je ne suis pas étonnée. Margaux évoque avec sincérité le parcours qui est le sien, la maladie et sa volonté d'amasser de l'argent pour financer des programmes de recherche dédiés aux cancers pédiatriques.

Outre-Atlantique, comme partout sur le globe, la mode est au réseau social Facebook. Chacun y expose sa vie, ses sorties, ses passions, ses coups de colère et ses motivations. Notre émotion est intense lorsque nos amis, restés aux États-Unis, annoncent y avoir créé une page consacrée à notre fille « Running[1] for Margo ». Le profil est à l'image de notre enfant. Les photos témoignent de souvenirs heureux. Le présent n'est pas caché, la perruque et les bandeaux y ont leur place.

Grâce aux réseaux sociaux et à des mailing-lists, nous sensibilisons instantanément des milliers de personnes au combat de Margaux : parents d'élèves, communautés d'expatriés aux États-Unis, groupes de coureurs solidaires à travers le monde. Nous frappons très fort pour que la résonance soit immense.

Une communauté de coureurs se forme rapidement. Des anonymes participent à de

1 *Courir pour Margo*

nombreuses manifestations sportives en pensant à notre fille. Ils trouvent la motivation de courir pour les enfants atteints de cancer. Les messages affluent du monde entier. Certains remercient Margaux de leur donner le courage de terminer un marathon, un triathlon. Elle tient à répondre à chacun. Cette communauté lui fait un bien fou.

Le soutien de nos amis aux États-Unis et en France, mêlé à celui des coureurs anonymes, nous apporte un grand réconfort. Nous ne sommes pas seuls dans ce combat.

Le résultat est exceptionnel. Près de cent-trois-mille euros sont collectés grâce à plus de quatre-cents donateurs. Ce qui représente, et de très loin, la plus grande collecte individuelle jamais organisée en France jusqu'alors. Ces fonds seront reversés aux chercheurs de la pédiatrie de l'Institut Gustave Roussy. Ils travailleront sur les tumeurs cérébrales et plus particulièrement sur les négligés du système, les gliomes.

Fallait-il attendre la maladie de Margaux et le lancement de cette collecte pour obtenir les fonds nécessaires à la reprise d'une étude mise en pause depuis des années ?

Olivier et moi ne cachons pas notre colère. Trop peu d'argent est attribué à la recherche sur les tumeurs cérébrales chez l'enfant. Et plus globalement, aux cancers pédiatriques.

Les médecins nous expliquent que la mortalité due au cancer chez l'enfant a beaucoup baissé ces dernières décennies. Il n'en reste pas moins qu'un enfant sur cinq va encore mourir des suites de sa maladie. Le taux de survie n'a globalement pas augmenté ces quinze dernières années. De plus, les deux tiers des enfants guéris ont des séquelles graves. Ils devraient pouvoir vivre une vie d'adulte normale et souvent ce n'est pas le cas.

Pourquoi ne pas décréter la recherche autour des cancers de l'enfant « Grande cause nationale » ? Telle est la question.

*

L'association « L'étoile de Martin » nous accueille à bras ouverts. L'histoire de ce petit garçon nous touche en plein cœur. La détermination de ses parents, endeuillés, nous émeut. Ils soulèvent des montagnes pour financer la recherche et favoriser le bien-être des enfants hospitalisés.

Ce matin est étonnamment doux sur la région parisienne. Alors que notre fille est très faible sur son fauteuil roulant, nous participons avec « L'étoile de Martin » à la course Odysséa. En dépit de la fatigue et des douleurs, Margaux est heureuse. Pour rien au monde, elle n'aurait manqué ce rendez-vous. Dans la foule, les visages sont lumineux. Nous retrouvons soudainement l'émulation des challenges caritatifs auxquels nous prenions part aux États-Unis. Par notre présence, par nos marques d'encouragement, par notre engagement, nous transmettons notre force aux sportifs du jour.

Les parents de Martin s'approchent de nous. Notre accolade est longue. Je me sens comprise sans même parler. Ce que nous vivons, ce que nous allons vivre, ils l'ont vécu avant nous.

Lorsque la maman de Martin évoque Margaux dans son discours, Olivier et moi sommes reconnaissants. Sa collecte de fonds est mise en avant. Du haut de ses quatorze ans, grâce à sa page internet, notre guerrière a relevé un véritable défi. Nous sommes fiers d'elle. Elle ne l'a pas fait pour elle, elle l'a fait pour les autres. Présents à la course, les médecins remercient chaleureusement Margaux et la félicitent.

Nous savons que le plus dur est à venir. Pourtant, notre fille vient de semer une petite graine dans notre esprit...

XV

Appréhender la nouvelle

Au pied de l'escalier qui mène à l'estrade, j'observe la foule compacte, parée de bleu et de rose. Grâce à leurs initiatives personnelles, en groupes, dans leurs environnements professionnels, les coureurs du jour ont collecté des fonds durant de longs mois. Dans un seul but : faire avancer la recherche.

Mes notes à la main, fébrile, je rejoins Olivier et Daniel. Comme chaque année, les émotions envahissent mon corps et trahissent mon état. Mes yeux s'embuent. J'inspire lentement pour ne pas me laisser déborder. Il est temps de donner un coup de projecteur sur les coureurs et de saluer leurs efforts.

Les sourires, les hommages, les baisers envoyés vers le ciel rappellent que la liesse de cette matinée induit souvent des souffrances et des larmes versées.

7 Mai 2010

Dans le bureau impersonnel du médecin, nous écoutons. Mon corps est présent dans la pièce, pourtant mon esprit est ailleurs, avec ma fille. J'ai peur, atrocement peur, et j'ai froid.

Olivier serre ma main de toutes ses forces. Au regard triste et inquiet de notre interlocutrice, les mots semblent inutiles. Nous avions déjà compris ce qu'elle s'évertue à nous annoncer méthodiquement. La lame de l'échafaud est tombée. Il n'y a plus rien à faire pour arrêter la maladie, Margaux est condamnée.

J'ai envie de hurler, de vomir, de tout casser. Pourtant, je suis stoïque. La sidération s'est emparée de nos deux corps de parents meurtris. La médecin se retire. Pour la première fois, nous restons seuls dans le bureau aseptisé. Olivier est en colère. Comment se fait-il que la recherche ne puisse rien, que la médecine nous lâche ?

Nous aimons nos filles plus que tout. Margaux ne peut pas partir. Sa place est ici sur terre, et non sous terre. Sa place est avec ses parents et sa sœur, au lycée, dans les boutiques à faire du shopping, avec ses copines, sur des skis, dans la mer, sur des bateaux, dans des avions, dans les bras d'un jeune homme amoureux. Nous voulons que Margaux vive, qu'elle pleure, qu'elle rit. Nous la voulons en colère, abattue ou têtue, joyeuse ou triste, parfois déçue, souvent comblée. Nous espérions tout cela pour notre fille aînée, mais nos espoirs viennent de s'envoler.

Dans sa chambre d'hôpital, Margaux se repose, elle est si faible. Lorsque nous passons le chambranle de la porte, son petit sourire me fait l'effet d'une bombe. Je m'allonge à côté d'elle, la câline avec tendresse, la couvre de baisers. Je cache ma peine au plus profond de mon être.

Sa médecin entre à son tour. Nous nous éclipsons pour la laisser en tête à tête avec Margaux. Dans le couloir, nous faisons les cent pas. Comment évoquer la mort avec notre fille ? Nous n'en avons jamais parlé avec elle, ce n'était pas une option. Aujourd'hui, cette question me torture. Nous patientons et nous réconfortons l'un l'autre autant que possible.

Venant à notre rencontre, sans même que nous ayons le temps de l'interroger, la médecin nous prévient. Margaux ne veut pas évoquer le sujet, mais elle sait…

Notre fille souhaite rentrer à la maison, dans son nid, parmi les siens. Oui Margaux, nous allons quitter ces murs froids, nous éloigner de ce diagnostic barbare pour te cajoler, te rassurer, te soutenir, et espérer. Sait-on jamais ?

*

L'hospitalisation à domicile nous permettra d'être avec notre enfant à chaque instant. La petite pièce jouxtant notre lit deviendra sa chambre. Nous avons cette chance de pouvoir la garder tout près de nous.

Lorsque les équipes de l'hôpital nous ont demandé de choisir le matériel adéquat, nous avons eu du mal à nous décider. Le papa et la maman que nous sommes ne devraient pas avoir à organiser les soins palliatifs de leur fille adorée. Pourtant, un lit médicalisé a été livré tôt dans la matinée. C'est la fin...

Olivier dépose un petit pot de marguerites en fleurs sur la table de chevet accolé au nouveau lit de Margaux. Elles égayent la pièce. Allongé auprès d'elle, il lui parle du monde, de la vie, de sport, de nos voyages et d'Audrey Hepburn à qui elle voue une grande admiration. Selon lui, il y a trois raisons à cette dernière passion, trois points communs entre Audrey Hepburn et Margaux : la beauté, l'intelligence et la grâce. À l'évocation de ces compliments, un sourire lumineux inonde le visage de notre fille. Une petite victoire face à l'adversité.

Floriane ne réalise pas ce qu'il se passe concrètement. Comment une enfant pourrait-elle comprendre ce que nous, adultes, avons du mal à assimiler ? Pour la première fois, nous nous résignons à lui dire la vérité, sa grande sœur va mourir. Nous cherchons « le bon moment ». À plusieurs reprises, nous tentons d'amorcer la conversation. Il n'y a pas de « bon moment » pour une telle annonce. La force et le courage nous manquent. À notre demande, Marion téléphone à la maison. Nous laissons Floriane décrocher le combiné. Avec des mots justes, notre amie kinésiologue évoque l'injuste, à notre place. Dans quelques jours ou dans quelques heures, Margaux nous quittera. À peine la conversation terminée, les yeux remplis de larmes, notre cadette fonce vers le garage. Le matelas gonflable déniché dans un carton est plus grand qu'elle. Sans accepter notre aide, elle traverse la maison. Dans la chambre médicalisée, le lit de fortune est posé à même le sol, tout contre Margaux. Ultime déclaration d'amour d'une petite sœur malheureuse.

La maladie a pris une place folle dans notre foyer, pour ne pas dire toute la place. Si c'était à refaire, je referais les mêmes choses, sans hésiter. Mécaniquement, notre attention s'est portée sur notre fille aînée ces quinze derniers mois. Nous devions la sauver. Nous avons fait de notre mieux pour ne pas négliger Floriane. Mais le temps n'est pas extensible. Le moral n'est pas toujours à la hauteur de notre volonté et les moments de partage sont limités. Pourtant, ce n'est qu'une enfant. Comme les autres, elle a besoin de ses parents, de leur attention et de leur affection.

Floriane ne nous a jamais reproché quoi que ce soit. Son attitude a parlé pour elle. Son agressivité, ses sautes d'humeurs et ses caprices reflétaient ses peurs, son profond mal-être et son incompréhension face à la situation.

*

Nous savons que la vie de Floriane va basculer, comme la nôtre. Le bonheur va quitter notre foyer, les instants heureux n'existeront plus dans les jours ou dans les semaines à venir. Depuis quinze mois, Floriane partage son quotidien avec les aléas de la maladie. Nous souhaitons lui offrir un moment de joie et de normalité avant la terrible épreuve que nous allons endurer. Aussi, nous décidons de convier à la maison une dizaine de copains de classe pour une après-midi festive. Nous faisons bonne figure face aux parents qui déposent leur progéniture. La plupart d'entre eux ne savent pas que notre fille aînée s'endort, doucement, dans la pièce d'à côté. Floriane n'a pas évoqué la maladie auprès de ses amis. À quelques semaines de l'été, les rires d'enfants inondent le jardin. Olivier et moi nous relayons entre la vie dehors et la mort rôdant dedans. Nous jetons le peu de force qu'il nous reste dans l'organisation d'un goûter convivial et chaleureux. Le dernier avant de nombreuses années...

XVI

Se quitter

Dans quelques minutes, cent pour cent de la collecte sera reversée à la recherche.

Chaque année, les partenaires mobilisés à nos côtés prennent en charge tous les frais liés à la course. Les applaudissements à leur égard sont à la hauteur de leur implication. Sur le grand écran, ils témoignent. Leur message résume parfaitement la philosophie et les engagements de l'association.

« Parce que les mots enfant et cancer ne devraient jamais être associés. Parce que les enfants sont notre avenir. Parce que chaque année, le cancer touche trente-cinq mille enfants en Europe, nous devons tous nous mobiliser contre ce fléau. C'est pourquoi nous nous sommes engagés auprès d'Imagine for Margo. Pour que la recherche avance plus vite. Pour donner un espoir à tous les enfants et adolescents atteints de cancer. Ensemble, nous sommes plus forts pour mener ce

combat. Enfants, parents, familles, chercheurs, soignants, ils comptent sur nous. Go, fight, win ! »

Chaque jour qui passe nous éloigne un peu plus de toi. En caressant ta joue de ma main, les ultimes instants heureux refont surface.

Il y a deux semaines encore, tu accomplissais mille et une prouesses pour rester en connexion avec nous. Adresser un sourire à Jonathan, malgré la paralysie faciale, tu l'as fait. Passer une heure avec notre famille dans le salon, en dépit de ton corps lourd et douloureux, tu l'as fait. Susciter l'émotion en faisant mine de souffler les bougies de ton cousin alors que l'air te manquait, tu l'as fait. Dire au revoir aux uns et aux autres en te sachant condamnée, tu l'as fait.

Margaux, alors que nous étions tous anéantis, tu nous as portés. Quel courage et quelle dignité !

Depuis ton ultime retour à la maison, j'ai ressorti mon babycook, celui que mes copines m'avaient recommandé lorsque j'étais enceinte. Cette période me semble si loin. Je cuisine de nouveau les purées qui faisaient de toi un bébé comblé. Mais je n'ai plus le bonheur d'admirer tes mimiques à la vue de la cuillère approchant ta bouche.

Nous avons appris à ne pas décider pour toi, à respecter tes désirs. Nous avons appris à formuler nos questions pour que ta réponse soit facile à donner, d'un hochement de tête. Nous ne te proposons plus de manger des fraises ou des framboises. Nous commençons par te proposer des fraises. En fonction de ton signe, nous faisons de même avec les framboises. Il fallait y penser.

Notre subterfuge ne dure pas, dorénavant c'est à la paille que papa et moi devons t'alimenter. Nous accomplissons pour toi tous les gestes du quotidien avec une gaieté ostensiblement affichée. Il nous arrive même de faire quelques bêtises pour te distraire, minimiser voire banaliser cette lente régression. Nous maintenons une porte entrouverte sur l'espoir, toujours.

Dans la maison, le silence est saisissant. Le kinésithérapeute, la kinésiologue et l'ergothérapeute ne viennent plus. Nos proches prennent des nouvelles par téléphone, ayant la pudeur de nous laisser vivre ces moments douloureux, mais ô combien importants, entre nous. Leur présence tout au long de la maladie fut précieuse. Je sais qu'elle le sera tout autant, après.

Floriane ne quitte plus ta chambre. Elle te parle, te raconte des histoires, joue au pied de ton lit, fait ses devoirs et mène sa vie à côté de toi. Pour sûr, ces heures resteront gravées dans sa mémoire. Alors, nous la laissons agir comme bon lui semble. Peut-être souhaite-t-elle rattraper le temps perdu ? Son attitude est exemplaire. Ces dernières semaines l'ont amenée à grandir d'un coup et, irrémédiablement, à gagner en maturité. La petite fille est devenue une jeune fille.

Au courrier, la carte de stationnement pour personnes handicapées, demandée douze mois plus tôt, est enfin arrivée. J'ai envie de la déchirer en mille morceaux et de l'envoyer au ministère de la Santé avec une réflexion bien sentie.

Nous n'irons plus en ville pour acheter des médicaments ou tout simplement prendre un peu l'air. Nous n'aurons plus à nous contorsionner pour sortir le fauteuil roulant de la voiture. Nous n'aurons plus à demander la place pour handicapés à des personnes pourtant valides. Nous n'aurons plus besoin de cette carte, il est bien trop tard !

*

1er juin 2010

Nous avons fait tout ce qui était en notre pouvoir pour te maintenir à la maison. Ne pas soulager davantage tes souffrances serait inhumain. Face à tes difficultés à respirer et à l'impossibilité de te nourrir, nous devons nous résigner. Nous préparons minutieusement tes affaires pour rejoindre l'hôpital de Poissy, là où tout a commencé. Je sais que tu ne reviendras plus jamais.

Après une brève auscultation, nous sommes confortés dans notre décision par les médecins. Dès ton installation en chambre, tu es placée sous morphine pour atténuer les douleurs. Depuis notre arrivée, tes yeux se sont fermés.

Dorénavant, nous communiquons par la pression des mains. L'Homme fait preuve d'une grande ingéniosité quand il s'agit de maintenir le lien.

Le personnel soignant est aux petits soins pour nous. Face à l'inéluctable, l'équipe fait en sorte d'alléger notre quotidien par de petites attentions, des mots réconfortants, et nous autorise à rester jour et nuit auprès de toi.

Quand nous avons besoin de dégourdir nos jambes, endolories par la position assise sur ton lit, nous déambulons dans le long couloir. Installée dans l'unité des adolescents, tu luttes de toutes tes forces. Une situation paradoxale qui me met parfois en colère. Mon cœur de mère se rappelle toujours à moi, ces enfants aussi se battent contre la maladie.

Nous te veillons nuit et jour. Ton état se dégrade rapidement, tes réveils sont furtifs. À peine avons-nous le temps de te parler que tu replonges déjà dans un sommeil lourd. Nous ne refusons aucune visite et laissons tes amis, tes cousins et cousines, tes grands-parents, nos proches te dire au revoir. Il nous semble que c'est important pour eux comme pour toi. Chacun puise dans son cœur pour exprimer ses sentiments, évoquer un souvenir ou tout simplement te dire je t'aime. Ultimes adieux avant le grand départ.

Il paraît que les personnes dans le coma sont à même d'entendre ce qu'il se passe autour d'elles. Les médecins nous ont annoncé que tu ne te réveillerais plus jamais.

Nous ne cessons pas de te parler, de te dire combien nous t'aimons et combien tu vas nous manquer. Nous te remercions pour ces quatorze années merveilleuses. Nous te l'assurons, nous ne pourrons jamais t'oublier. Nous nous engageons à veiller sur ta petite sœur. Nous te jurons de nous battre pour que cette maladie soit éradiquée. Nous te rassurons, tu peux partir en paix...

À notre demande, le prêtre vient à ton chevet. Nous sommes à nouveau tous réunis autour de toi. Mais toi, où es-tu réellement Margaux? J'ai la sensation que tu partages ce moment fort avec nous, tes grands-parents et ta sœur. La cérémonie est belle et émouvante. En cette fin d'année scolaire, tu reçois la confirmation. Je n'aurais jamais cru qu'elle te serait donnée communément à l'extrême-onction.

*

7 juin 2010

Cette nuit, c'est papa qui a veillé sur toi. Lorsque j'entre au lever du soleil dans la chambre, il est dévasté. Le médecin vient de lui annoncer que seul ton cœur fonctionne encore. Le reste de ton corps est déjà parti. Il faut maintenant attendre. Nous sommes là tous les deux, anéantis.

Les images défilent dans ma tête, tel un TGV lancé à pleine vitesse. L'Afrique du Sud, le Barcarès, Hawaï, les États-Unis, les parcs, Halloween, Noël, l'élection de Mandela, les attentats du 11 septembre, les virées en bateau, les moues boudeuses au retour en France, les déguisements, les marathons, l'Iron Man, les engagements caritatifs, la chanson « Imagine »...

Cette vie à cent à l'heure, était-elle ta destinée ? Comme un besoin urgent de vivre avant que la grande faucheuse ne t'attrape, trop tôt. Je crois sincèrement que tu as eu une vie extraordinaire, riche de sens. Évidemment, je souhaiterais que cela continue. Je voudrais dire encore, car je ne me suis pas préparée à ta mort.

Ton souffle est de plus en plus court, à peine perceptible. Papa et moi prenons place de part et d'autre de ton corps. Mes yeux fixent la pendule accrochée au-dessus de la porte, j'aimerais arrêter le temps. Ta respiration change. Nous échangeons un regard, nous avons tous les deux compris ce qu'il se passe dans la pièce. Nous y sommes.

Une longue respiration, ta poitrine se soulève. Une seconde longue respiration, la dernière. Ton cœur s'est arrêté. À l'heure où tu es venue au monde, tu nous quittes pour toujours. Il est 17 h 01, nous sommes orphelins de toi.

XVII

Sentir ta présence

Les ballons bleus et roses virevoltent dans les mains des enfants. Des photos ont été accrochées sur les fils de certains d'entre eux. Je reconnais les nombreux visages de guerriers et de guerrières trop tôt partis. Malgré l'émotion qui gagne le Domaine de Saint-Cloud tout entier, je prends sur moi pour ne pas pleurer et garder une voix claire. Je tiens à ce que le message laissé par Margaux, celui qui nous inspire, celui qui a initié l'association, soit audible. Comme chaque année, j'entreprends la lecture, doucement.

« Vas-y, saisis les opportunités qui se présentent, ne manque pas une chance de réaliser tes rêves.

Bats-toi contre tous les moments difficiles qui t'arriveront.

Gagne. Accomplis les choses que tu veux, réalise tes rêves et essaie toujours d'être une personne meilleure.

Go, fight, win ! »

Jean-Jacques Goldman a raison, « Il suffira d'un signe ». Alors, nous attendons...

Une semaine avant le départ de Margaux, Olivier et moi avons acheté une multitude de livres sur l'au-delà. Dans ces ouvrages, nous espérions trouver les réponses à nos interrogations. Incapables de nous résigner à cette terrible séparation physique, nous cherchions à comprendre où serait notre fille « après ». Serait-elle bien dans un autre monde que nous ne connaissons pas, libérée de ses souffrances et sereine ?

Ces lectures ont conduit nos esprits cartésiens vers une spiritualité nouvelle et réconfortante. Grâce aux nombreux témoignages sur les expériences de mort imminente et sur l'élévation des âmes, nous étions quelque peu apaisés. Pourtant, je restais dans l'espoir que Margaux nous adresse des signes. Olivier me l'a confié, ce fut sa dernière demande à l'égard de notre fille. Elle a exaucé son père, et nous par ricochet. Elle nous a même comblés.

*

Margaux s'en est allée. Nous ne pouvons plus dormir avec elle à l'hôpital. Sa chambre, qui fut notre cocon pendant une semaine, est déjà attribuée à une adolescente en mal de vivre. Pas le temps de nous retourner. Et puis, à quoi bon ? Margaux s'en est allée.

Il est tard. Une nuit noire a avalé les couleurs lumineuses annonciatrices de l'été. Nous rentrons chez nous, amputés dans notre chair. Aucune greffe ne saurait réparer nos cœurs meurtris. J'ai porté ma fille dans mon ventre. J'ai porté ma fille sur le chemin de la vie. J'ai porté ma fille aux confins de l'enfance. J'ai porté ma fille dans la maladie. J'ai porté ma fille jusqu'à aujourd'hui. Mon être entier est déchiré, je suis détruite.

Sur la route du retour, chacun reste emmuré dans le silence, désemparé, tapi dans sa tristesse. Mon regard se porte alternativement sur le ciel, Floriane et Olivier. Déjà, notre maison se dresse devant nous. Elle sera notre repère, notre lien avec nos souvenirs. L'idée de retrouver un espace protecteur et chaleureux me réconforte un peu. Sur la terrasse de la maison, je lève une nouvelle fois la tête. Ma main gauche agrippe celle d'Olivier fermement. Mon bras droit enlace Floriane avec douceur. Une étoile éclaire nos trois silhouettes de pantins malheureux. Jamais je n'avais vu une telle lumière émaner du ciel. Serrés les uns contre les autres, nous la contemplons un long moment, des larmes dans les yeux et le sourire aux lèvres.

Le visage de Floriane semble soudainement apaisé. Se tournant vers nous, elle nous assure que cette étoile, c'est Margaux. Une étoile qui scintillera à tout jamais au-dessus de nos têtes, avec laquelle nous aurons souvent rendez-vous.

*

Margaux aimait notre chienne Emy, les chevaux, les chats, les poules, bref tous les animaux. Comme le veut l'expression, elle n'aurait fait aucun mal à une mouche.

Semblable à de nombreux enfants, elle adorait contempler la nature et les insectes. Son sourire n'avait pas son pareil à la vue d'un papillon. Il arrivait que le petit insecte se pose sur une rose, dans notre jardin. Margaux l'observait en tous points, prenant soin de ne pas l'effrayer. En quelques secondes, elle imaginait le long voyage qu'il avait dû faire depuis sa chrysalide pour venir jusqu'à elle. La rencontre était éphémère, alors, elle tentait de le suivre quelques minutes. Mais le papillon finissait toujours par disparaître, s'envolant trop haut dans le ciel.

Depuis l'enterrement, Olivier court chaque matin. Un exutoire comme un autre, en solitaire. Passant inlassablement devant le cimetière, je sais qu'il rend visite à notre fille entre deux foulées.

En prenant notre café dimanche dernier, Olivier m'a avoué que quelque chose a changé. Son rituel sportif n'est plus aussi morose. Un papillon orange et noir s'est invité au jogging quotidien. Non loin de la grille qui sépare Olivier de Margaux, le petit insecte déploie ses ailes et l'accompagne sur quelques mètres. J'ai rencontré ce papillon, moi aussi, un matin d'été...

Olivier et moi décidons de mettre un peu d'ordre sur la tombe de Margaux. Une tombe en marbre blanc, sur laquelle nous avons fait graver une rose ainsi que les drapeaux sud-africain et américain. Les couleurs des fleurs sont à l'image de nos visages, délavées et défraîchies. Des mots ont été déposés çà et là. Mes yeux balaient les lignes, mais ne s'attardent pas. Les larmes mangent mes joues, mouillent littéralement mon tee-shirt. Je m'affaire à la tâche du tri, du remplissage des vases, sans enthousiasme aucun. Que faisons-nous là ? Que fait notre fille ici ? Les minutes s'égrènent, la tombe est désencombrée.

Au sortir du cimetière, le papillon apparaît. Je n'en crois pas mes yeux. Posé au sol, il se laisse caresser. Je décide de le prendre en photo. À peine le cliché immortalisé, le voilà qui vole littéralement autour de nous. Déjà, il s'envole vers le ciel, trop haut...

Curieuse, j'ai cherché ce papillon sur internet. Ridicule me direz-vous ? Peut-être. Toujours est-il que ses couleurs ont une signification bien particulière. L'orange ravive le courage de vivre une vie passionnée et de faire les choses que votre cœur désire. Le noir représente la mort ou la fin de quelque chose. Les papillons monarques sont fréquemment rencontrés aux États-Unis et en France notamment. Pour qui connaît Margaux, ce signe est une évidence.

L'hiver est revenu, il neige dehors. Les fenêtres de la maison sont fermées. Installée au bureau de la mezzanine, rien ne pourrait me déconcentrer dans mon travail, pas même le léger courant d'air qui me frôle la tête.

Lorsque Floriane me fait savoir qu'un papillon s'est posé sur le rideau du salon, je comprends qu'il vient de m'effleurer. Interloquée, je descends à la hâte pour l'admirer de plus près. Délicatement, je le place sur mon doigt et lui caresse les ailes avec prudence. Je sais combien les papillons sont fragiles. Il s'envole, je le laisse aller à sa guise. Après un rapide tour de la pièce, il atterrit à côté de la télévision. Nous passons la soirée à le contempler.

Au petit matin, c'est dans notre chambre que je l'ai retrouvé.

*

C'est la fête des Mères et je suis triste. Comme chaque année depuis le départ de Margaux, ce dimanche de mai est douloureux. Les fêtes familiales et commerciales sont une épreuve pour les personnes endeuillées. Rien ne saurait me faire bouger du canapé dans lequel je suis confortablement installée. Le programme du jour rime avec néant. Un livre à la main, je tente de me concentrer sur les mots. Rien n'y fait, mon esprit me ramène aux souvenirs heureux, lorsque les filles m'offraient des poèmes et des fleurs à l'occasion du « mother's day[1] ».

Les rayons du soleil inondent la maison par les baies vitrées grandes ouvertes. Lorsqu'un joli moineau entre chez nous, je crois rêver. Ma présence ne l'effraie absolument pas. Délicatement, il se pose sur le cadre photo que j'aime tant. Celui qui protège le cliché familial sur lequel nous irradions tous les quatre de bonheur. L'oiseau me fait face. Intriguée, je m'approche. Sans sourciller, il saute sur mon doigt et se laisse caresser. J'appelle Olivier et Floriane qui le voient s'envoler dans la maison. Juché sur la mezzanine, il nous observe. De retour sur mon canapé, je suis émue. Mon cœur bat la chamade, rempli d'amour.

1 « Fête des mères »

La visite du joli moineau restera mon plus beau cadeau de fête des Mères.

*

Margaux, tu n'es plus là physiquement et je ne te vois plus grandir. Pourtant, je sens ta présence invisible. Je sais que tu veilles sur nous et que tu nous guides.

XVIII

Apprivoiser le silence

Les membres du conseil d'administration prennent place sur l'estrade. Toute l'année, Valérie, Anne, Didier, Corinne, Éric, Maddy, Sophie et Nicolas sont mobilisés bénévolement avec l'équipe de permanents. Sabrina, Éva, Gwendal, Camille, Adrien, David, Maxime, Maude, Claire, Thomas, Aude, Pierre, Carine, Anne et Frédérique sont également réunis sur le podium. Depuis ce matin, ils courent partout, répondent aux questions, anticipent les aléas, résolvent les soucis. Sans eux, nous ne pourrions rien. Leur engagement, leur investissement sans faille, leur pugnacité et leur travail sont précieux.

Dr Gaspar, qui était la médecin de Margaux, nous fait l'honneur de sa présence. Les docteurs et chercheurs que nous aidons depuis plus de dix ans courent avec nous.

Olivier et moi sommes entourés d'amour, portés par un sentiment de profonde reconnaissance. Je jette un coup d'œil à l'assistance, adresse un sourire aux artistes positionnés derrière nous. Le photographe immortalise la famille « Imagine for Margo » au grand complet.

Margaux…

Je pose les yeux sur la porte de la chambre qui abrite tous tes secrets. Une petite voix m'ordonne de ne pas franchir le seuil. La douleur prend le pas sur la raison. J'ai une furieuse envie de sentir ton odeur, un besoin violent de toucher ton oreiller, une rage de serrer ton doudou dans mes bras.

Entrer dans cette pièce vidée de ta présence me glace. Je suis debout, hagarde, telle une étrangère sous mon propre toit. J'ai mal. Un mal qui me tord, me ronge, me transperce. Il est tapi dans mes muscles, dans mon sang, dans ma chair. Je sais déjà qu'il ne me quittera plus jamais. Qu'il sera toujours là comme un rôdeur qui guette et qui attaque avec violence !

Mes yeux fixent chaque objet, nounours, babiole, poster, stylo, livre, carnet. Une chambre d'adolescente comme toutes les autres. Mes jambes tremblent, mon corps s'agite, mes doigts sont frénétiques. Je tente de calmer ces membres qui ne veulent rien entendre. La bile remonte dans ma gorge. Pas après pas, les épaules voûtées par le chagrin, je rejoins le lit que tu chérissais, ton antre. Je fixe les photos éparpillées çà et là sur les murs. L'enfance, l'insouciance, la douceur et les souvenirs me narguent avec arrogance.

Un cahier dépasse de la table de chevet Je l'attrape à la hâte, le tourne et le retourne. Machinalement, je le feuillette. J'admire les lettres arrondies, les mots trop grands, les émotions jetées sur le papier en français ou en anglais selon tes humeurs. Les larmes brouillent ma vision. Pourtant, mes yeux se sont fixés. Cinq lignes couchées là retiennent toute mon attention. Cinq lignes comme un cadeau ultime, un message, une volonté pour la suite.

« Vas-y, saisis les opportunités qui se présentent, ne manque pas une chance de réaliser tes rêves. Bats-toi contre tous les moments difficiles qui t'arriveront. Gagne. Accomplis les choses que tu veux, réalise tes rêves et essaie toujours d'être une personne meilleure. Go, fight, win ! »

*

En admirant la pièce, je prends conscience de tout ce que tu as vécu. C'était beau, c'était bien. J'aurais tellement aimé que cela continue et que nous partagions ta vie de jeune fille puis de femme. Ma voix est presque inaudible lorsque je me surprends à énumérer tout ce que tu ne vivras jamais. Dieu que la liste est longue :

Tu...
N'enverras jamais promener tes parents comme toutes les ados de ton âge,
Ne seras jamais la populaire de ton lycée,
N'embrasseras jamais un garçon,
Ne ressentiras jamais les papillons dans le ventre des premiers émois,
Ne choisiras jamais ta tenue pour ton premier rendez-vous,
Ne connaîtras jamais le stress des examens,
Ne réviseras jamais ton baccalauréat,
Ne feras jamais le mur,
Ne tricheras jamais sur ton âge à l'entrée d'une boîte de nuit,
Ne devras jamais choisir entre les métiers d'infirmière, d'avocat, de maîtresse,
Ne te fâcheras plus jamais avec ta petite sœur,
N'auras plus jamais peur,
Ne commanderas jamais de palette de maquillage pour Noël,

Ne nous enverras jamais de texto pour nous dire que tu es bien arrivée en soirée,
Ne prendras jamais de première cuite,
N'essaieras jamais de fumer pour faire comme les copains,
Ne manifesteras pas contre tout ce qui te semble injuste,
Ne referas jamais le monde,
N'éconduiras jamais de prétendant,
Ne feras jamais l'amour,
Ne passeras jamais ton permis de conduire,
Ne feras jamais tes cartons pour quitter le nid familial,
N'achèteras jamais ton premier appartement,
Ne négocieras jamais ton salaire,
N'iras jamais déposer ton premier bulletin de vote dans une urne,
Ne déménageras jamais à des milliers de kilomètres,
Ne souffleras jamais les dix-huit bougies de ta majorité,
Ne deviendras jamais adulte,
N'entreras jamais dans une mairie au bras de ton père,
Ne seras jamais appelée maman,
Ne connaîtras jamais le bonheur de serrer ton enfant contre ton cœur,
Ne retrouveras jamais tes amis pour évoquer les souvenirs d'enfance,
Ne passeras jamais à la maison après une dispute,
Ne nous partageras plus jamais tes doutes,
Ne pleureras jamais la mort de ta mère, de ton père,
Ne te languiras jamais d'être à la retraite,
Ne seras jamais vieille...

Je vais devoir assimiler toutes ses négations, les considérer, les digérer et, peut-être, les accepter. Pour comprendre que tout cela est bien réel, pour ne pas devenir folle, pour ne pas sombrer dans la dépression.

Jusqu'ici, je pensais que « la déprime » était réservée aux autres. Aujourd'hui, elle gratte à la porte, tente de s'introduire par la fenêtre, sonne au portail avec toupet. Je fais mine de ne pas la voir, esquive ses approches. Mais je ne suis pas dupe, elle n'a pas beaucoup d'efforts à fournir pour que je cède à sa cour indélicate. J'ai envie de mourir, d'ensevelir mon être sous terre pour rejoindre mon enfant. Je voudrais m'assurer de la tenir au chaud. La mort a le don de figer les images, d'anéantir les rayons du soleil et de glacer le temps. J'ai froid, extrêmement froid, peut-être que ma fille aussi. Cela m'effraie. Qui veillera sur elle à présent ?

Le silence dans la chambre est assourdissant. Pas âme qui vit. Pourtant, dans ma tête, il y a trop de bruit. Les mots s'entrechoquent. Ils catapultent les souvenirs et bousculent mes interrogations. Que va devenir notre famille ? Comment allons-nous trouver la force de nous lever et d'avancer ? Serons-nous capables de continuer en étant amputés d'un membre indispensable ?

Je pense à Floriane qui vient d'enterrer sa grande sœur. Adieu la fratrie, plus de repères, une confiance mise à mal et la terreur collée au ventre. Je crains d'avoir peur pour ma cadette. Peur de la perdre, elle aussi. Pourtant, il faudra veiller sur notre deuxième fille sans l'étouffer. Je crains pour les grands-parents de Margaux, ses cousins et cousines, son parrain et sa marraine, notre famille, nos amis et ceux de Margaux. Je sais leur souffrance.

Comment allons-nous continuer sur le chemin de la vie après ce drame ? Si tant est que ce soit possible.

Le silence est finalement très bruyant. L'absence est terrifiante. Il va me falloir apprendre à les apprivoiser. Ou, tout du moins, essayer.

XIX

Unir nos forces

Portés par la voix de Mentissa, les ballons s'envolent, les regards sont tournés vers le ciel. J'évoque les guerrières et guerriers devenus étoiles cette année. Jules, Arthur, Vadim, Lucien, Baptiste, Clara, Marva, Grégoire, Antoine, Éléonore, Owell, Lilas, Milo, Océane, Victor, Daniel et Danielo. Dieu que cette liste est longue, trop longue...

Mon attention est maintenant toute à toi, ma fille. Cette chanson me fera le même effet jusqu'à la fin de mes jours. Ta rage de vivre, ta pugnacité face à la maladie et ton engagement sont autant de leçons que nous devons retenir.

Les ballons volent dans le ciel, mes yeux accrochent les nuages. Avec un peu de chance, les couleurs bleu et rose approcheront le soleil ce matin et rejoindront les étoiles dans la nuit. Les astres sont devenus nos points de rendez-vous avec toi.

Il nous faudrait peut-être regarder un jour dans une même direction... Nous y sommes.

Durant la maladie, nous étions happés dans un tunnel de peur, d'angoisse, mais aussi d'espérance. Nous cherchions la lumière vers la sortie, tentant constamment de prendre la voie d'accès vers la guérison. Les médecins ne sont pas encore sur cette route. Comment aurions-nous pu trouver le chemin, seuls ?

Je n'oublierai jamais Margaux, je voudrais que le monde ne l'oublie jamais. Olivier et moi ressentons le besoin irrépressible de laisser des traces de sa trop courte existence dans les lieux qui ont donné du sens à sa vie.

À New York, notre ami Jerry a fait planter un pommier et poser une plaque à son nom dans le kiosque de Kane Park. La direction de son collège a également eu cette démarche dans la bibliothèque que nous avons inaugurée, ensemble. Les camarades de Margaux ont couché leurs émotions sur le papier, rassemblées en un recueil de poésie, de mots, de maux, d'hommages et d'amour. Je garderai dans ma table de chevet le livre qu'ils lui ont dédié à tout jamais.

*

Semblable à un automate, j'ai repris le chemin du travail. Les lieux sont tels que je les ai quittés un vendredi soir. Les badges pour entrer et sortir, le mobilier, la machine à café, le self, mon bureau, mon pot à crayons et la photo de mes filles sont toujours en place. La grande banque pour laquelle je n'ai pas compté mes heures a continué de tourner sans moi. Avec ses process, ses enjeux, ses cadres dynamiques, ses dossiers empilés et ses objectifs ambitieux.

Dans les couloirs, les regards se baissent, les mots sont choisis, le ton est de circonstance. Je ne me sens plus « Patricia », mais « La maman de la petite fille qui est décédée ». Mes collègues font tout pour être agréables, leur gentillesse est sans pareille. Pourtant, j'ai la sensation d'avoir une étiquette collée sur le front. Peut-être est-ce marqué physiquement sur mon visage ? Il faut dire que je suis devenue l'ombre de moi-même. Margaux a emporté une partie de moi avec elle.

Les sujets de stratégies des établissements bancaires à l'étranger ne trouvent plus grâce à mes yeux. Et pour cause, j'ai besoin de sens. Si cela semble galvaudé, l'être humain est dorénavant ma priorité. Mon employeur prend ma requête en considération. Un poste nouvellement créé à la direction des ressources humaines m'est proposé. J'accepte sans hésiter. Mes missions sont concentrées sur le développement des talents et l'aide au retour des expatriés.

Malgré toute ma bonne volonté et la bienveillance de mes collègues, je n'arrive pas à reprendre ma place dans l'entreprise. L'environnement de travail me ramène inévitablement à ma vie d'avant. Les objectifs de mes patrons sont indéniablement en décalage avec les miens. Mes priorités ont changé. Dans ma tête, un projet se dessine déjà.

*

Olivier et moi souhaitons que le combat de Margaux ne soit pas vain. Il faut aider les médecins et les chercheurs, mais nous ne sommes pas des experts de la santé. Que faire concrètement et efficacement ? Sensible à notre volonté d'agir, la médecin de Margaux nous présente le Professeur Vassal.

Avec un vocabulaire simple, il nous explique toute la problématique autour du développement des médicaments anticancéreux pour les enfants. La recherche est essentiellement axée sur les adultes. Pourtant, les enfants ne sont pas des adultes en miniature, ils nécessitent des traitements spécifiques. Le professeur nous alerte également sur le besoin fondamental de trouver des fonds pour permettre d'accélérer les recherches et financer ainsi des projets concrets sur les cancers pédiatriques. Également sur l'importance de mobiliser tous les acteurs industriels et de sensibiliser l'Europe pour fédérer les expertises.

Le chantier est titanesque et nous ne sommes que deux. Pour l'heure, notre unique alliée est la motivation.

Margaux a collecté, à elle seule, cent-trois-mille euros pour la cause. Son message d'espoir est sans équivoque : « Go, Fight, Win » traduit ainsi en français « Vas-y, bats-toi, gagne ». Nous sommes aujourd'hui investis d'une mission. Celle de prendre le relais de notre enfant pour rendre le monde meilleur, comme elle le voulait. Elle avait saisi qu'il fallait aller au-delà des apparences et des préoccupations superficielles de l'existence. Elle souhaitait donner un noble sens à sa vie, réaliser des actes forts en faveur de l'humanité pour laisser une trace dont elle serait fière. Margaux avait tout compris de la fragilité de notre présence sur terre.

En ouvrant à ses proches une voie inattendue et pleine d'espoir, notre fille a allumé une mèche. Rien ne saurait éteindre notre flamme, nous allons faire du cancer pédiatrique une cause connue et reconnue !

*

Olivier évoque souvent le sujet, pourtant j'hésite. Si nous nous lançons dans l'aventure, nous devrons être à la hauteur de son message. Nous ne devrons jamais perdre de vue sa volonté d'aider, son combat pour la recherche et son espoir de guérir tous les enfants. Pour faire du rêve de Margaux une réalité, il nous faut créer une association.

Mon mari mise tout sur notre motivation et nos capacités de travail. Je suis plus réservée, pragmatique. Cela viendra inexorablement s'ajouter à nos vies professionnelles bien chargées, empiétant sur le temps que nous voulons consacrer à Floriane. De plus, nous ne connaissons ni le monde associatif, ni les communautés scientifiques, ni les techniques de lobbying en France et encore moins en Europe.

Il m'aura fallu un an pour mûrir le projet. Un temps nécessaire pour amorcer mon deuil. Je suis passée par les phases de choc, de déni, de colère. La tristesse et la douleur sont toujours présentes, mais l'idée de créer une association m'amène doucement sur le chemin de la résilience. Je ne ferai jamais le deuil de ma fille, je dois apprendre à vivre avec son absence.

Comme un nouveau signe, c'est au Barcarès, à l'été 2011, que nous sautons le pas. Une décision qui chamboulera radicalement notre quotidien, encore une fois.

*

18 novembre 2011

C'est mon anniversaire, j'ai invité mes amies à dîner à la maison. Je leur fais savoir que je ne veux pas de cadeaux. Mon souhait le plus cher est de les avoir à mes côtés, ce soir, pour démarrer le grand projet.

Sur la table, un énorme plateau de sushis me permet de rester dans le salon avec mes convives. Je n'ai qu'une idée en tête : lancer la conversation autour du sujet qui nous anime. Les discussions sont intenses, les questions fusent : Comment créer une association ? Quels moyens déployer ? Quelles actions mener ? Comment se faire connaître ? Comment mobiliser ? Comment garantir notre crédibilité ? Comment lever des fonds ? À qui adresser les montants récoltés ? La liste ne cesse de s'allonger.

Sur des feuilles volantes, nous notons tout ce qui nous vient à l'esprit. Trouver un parrain ou une marraine. S'entourer de sponsors sérieux et solides. Mobiliser une équipe de bénévoles. Mettre en place des actions concrètes. Nous sommes en marche.

Marie-Anne et Anne prennent les sujets de la communication et des réseaux sociaux. Patricia A s'occupera de la création du site internet. Cristina et Sylvie seront chargées d'orchestrer les événements à venir. Olivier a déjà la volonté d'organiser une course solidaire annuelle pour collecter des fonds.

Les rôles sont définis. Sylvie et Marie-Anne seront vice-présidentes, Olivier deviendra trésorier, Anne sera la secrétaire générale et Maddy nous représentera en région Occitanie. Quant à moi, je prendrai la présidence. Le premier conseil d'administration est constitué.

Pour commencer, nous devons trouver un nom à l'association. Notre premier brainstorming démarre. Chacune évoque ses idées, notées frénétiquement sur un paperboard improvisé. Sous mes yeux, apparaissent les mots qui ont bouleversé nos vies, en seize mois à peine : espoir, cancer, demain, avenir, guérir, enfants, hôpital, recherche, dons.

Mes amies me questionnent gentiment sur les moments forts de la maladie et du combat. Spontanément, j'évoque le texte chanté par Margaux pour son dernier Noël : Imagine. Je souris en racontant son petit côté rebelle. Elle, qui avait tant souhaité rester aux États-Unis, continuait d'écrire son prénom avec un « o » comme il en est d'usage outre-Atlantique. En marquant sa différence, elle tenait surtout à ce que son combat dépasse les frontières de la France. L'évidence est là, nous venons de donner naissance à l'association :

Imagine for Margo, Children without Cancer
Imagine for Margo, Enfants sans Cancer

*

Le 27 novembre 2011

Nous déposons les statuts.

Le 11 décembre de la même année

À la demande du Professeur Vassal, je témoigne à Londres pour la première fois. Devant moi se dresse un parterre composé de médecins, chercheurs, représentants de laboratoires, d'institutions européennes (Agence européenne des médicaments) et américaines (Food and Drug Administration), ainsi qu'une autre association de parents anglais. Ils sont tous réunis pour la première fois. Malgré le trac, je ne faillis pas et prononce mon premier discours de mobilisation.

En introduction de la conférence, je témoigne sur un fléau qui s'abat sur les enfants et dévaste les familles : les cancers pédiatriques. Je rappelle la réalité du quotidien et la souffrance qu'il est grand temps d'anéantir. Je martèle l'importance de mener des actions concrètes et la nécessité fondamentale d'agir ensemble, de créer du lien pour susciter la confiance et avancer. J'insiste sur l'urgence du sujet : trente-cinq-mille enfants et adolescents sont diagnostiqués d'un cancer chaque année en Europe, six-mille en meurent.

Il est indispensable de trouver des solutions rapidement.

Nous arrivons au terme de quarante-huit heures de travail et de mobilisation. Nous avons notamment évoqué l'importance de modifier le règlement européen sur les médicaments pédiatriques. Sept actions concrètes à mener sont mises en lumière.

Chacun semble satisfait, certains commencent à quitter la table pour prendre l'Eurostar en direction de Paris. Alors c'est tout ? Ecouter, identifier puis s'en aller ? Qu'à cela ne tienne, moi, je n'ai pas terminé.

Debout, je reprends mon discours d'introduction et rappelle à l'assistance que, pour agir, il faut un plan d'action concret. Impossible de se quitter sans nommer de responsables, sans donner de dates, sans définir un cadre précis.

Raphaël R se lève à son tour pour relayer mon appel, prenant en charge personnellement l'action nommée en point numéro trois. Je suis soulagée.

L'assistance reste finalement mobilisée et nous reprenons les diapositives présentées durant ces deux jours, une à une.

Cela marquera le début des groupes de travail puis la création d'ACCELERATE, rassemblant tous les acteurs de l'oncologie pédiatrique.

XX

Panser les maux

Les feux de Bengale scintillent. L'immense chèque, recouvert d'un tissu bleu et rose, est apporté par deux enfants aux chercheurs. Sous le regard des administrateurs et des salariés de l'association, devant les coureurs et les bénévoles en liesse, le chèque est brandi avec fierté.

Sur scène comme sur la pelouse, l'émotion est palpable. Les applaudissements résonnent dans tout le parc, le montant de la collecte est dévoilé : 2 310 000 € ! Un chiffre exceptionnel, porteur d'espoir et de nouveaux programmes de recherche.

Sur le podium, je ressens toute la force de Margaux. Pour sûr, elle serait fière de nous. Aujourd'hui, nous nous battons pour les autres enfants et leurs familles. Du plus profond de mon être, je promets à ma fille adorée de ne jamais rien lâcher.

Lettre à mon épouse,

On s'est dit oui le 1er octobre 1994 dans ce pays catalan qui m'est si cher.

On a dansé la « sardane » et fait la fête jusqu'au bout de la nuit. On s'est dit que c'était pour le meilleur et pour le pire. Évidemment, dans ces moments-là, on ne pense qu'au meilleur. Et on l'a eu. Treize ans d'amour et d'harmonie dans notre couple. Une vie d'une intensité rare. Le bonheur de la naissance de Margaux puis celui de la naissance de Floriane. Les années vécues à Johannesburg, Paris ou New York qui nous ont tant apporté. Une très belle réussite dans nos carrières respectives. Des voyages magnifiques, de très bons amis et le destin qui a mis sur notre route de grands événements.

On s'était dit que c'était pour le meilleur et pour le pire. Et nous avons eu les deux.

Cette Saint-Valentin de l'année 2009 qui se transforme en cauchemar éveillé. Ma longue attente à la maison. Puis l'annonce qui me foudroie, tel un éclair. Ces maux de tête à répétition nous inquiétaient de plus en plus, j'avais déjà imaginé le pire.

Nous nous sommes battus de toutes nos forces et nous sommes jetés à corps perdu dans cette bataille avec Margaux. Tu fus en première ligne. À ses côtés, à chaque seconde, chaque traitement, chaque coup de spleen, tout le temps. Tu as tout donné, tout fait pour la sauver, mais il en était ainsi. Ton courage admirable, ta volonté sans faille, ton attention de tous les instants, ton soutien moral permanent. Cette abnégation de lui faire profiter de tout, de transformer chaque moment de vie en tranche de bonheur malgré le temps qui nous était compté. Ta foi et ta volonté ont soulevé des montagnes. Tu as créé une immense vague solidaire et d'amour autour de Margaux. Merci.

Nous n'avons pas pu la sauver, ni nous ni notre entourage. Ni des milliers de coureurs ni des groupes permanents de prières. Ni les médecins qui ont tout tenté ni les contacts avec les plus grands Professeurs du monde médical. Ni sa volonté de vivre et de se battre jusqu'au bout ni son appel à la recherche. Non, rien n'a pu la sauver. Et maintenant nous sommes là, désemparés, brisés, à la dérive. Tels des naufragés accrochés au radeau de la vie. Nos plus belles années seront toujours derrière nous. Notre peine et notre douleur seront toujours présentes.

Chaque jour et chaque nuit, les dates anniversaires, les fêtes de Noël, d'Halloween, de Pâques me reviennent en boomerang.

Je ne supporte plus de répondre à la question sur le nombre d'enfants que nous avons. Tout cela ne fait qu'entretenir la douleur permanente, aiguë, sourde.

Nous sommes sur un chemin long et difficile où nous essayons d'apprivoiser cette absence.

Je me demande très souvent pourquoi.

Pourquoi elle ? Pourquoi nous ? Pourquoi sommes-nous frappés par ce qu'il y a de pire ?

Pourquoi elle ?

Comment Margaux, ayant toujours bien vécu, a-t-elle pu tomber malade ? Elle qui avait une très bonne qualité de vie, n'ayant jamais eu de problème de santé auparavant. Elle qui s'épanouissait, devenant une jolie jeune fille dont « tous les garçons de la classe étaient amoureux », dixit les nombreux témoignages reçus après son départ. Une jeune fille parfaitement bilingue, qui faisait de la danse, jouait de la guitare, interprétait « New York » de Frank Sinatra au piano. Une jeune fille heureuse avec ses amies très proches, passionnées de mode et de musique. Une jeune fille qui dégageait tendresse, douceur, gentillesse, particulièrement tournée vers les autres. Une jeune fille préoccupée par les maux du monde tels que la pauvreté et les enfants défavorisés. Bref, une jeune fille qui croquait la vie à pleines dents et qui n'avait jamais été si bien dans sa peau que quand elle est tombée gravement malade.

Pourquoi nous ?

Nos parcours furent difficiles, jusqu'à notre rencontre. La séparation de mes parents, à l'âge de treize ans, a foudroyé mon enfance. Séparation annonciatrice de moments difficiles puisque ma mère liquida son affaire et se retrouva au chômage. Je fis front en qualité de « Chef de famille » improvisé pour gérer cette faillite, boucler les fins de mois très difficiles et réussir mes études, tel un mort de faim. Quelques années plus tard, la perte de mon demi-frère Florian, âgé de vingt ans, fut une nouvelle épreuve.

Tu n'es pas sans reste. La perte de ta cousine Claire, décédée d'un cancer, dont tu étais très proche a marqué ta vie d'adolescente. Un événement qui a décuplé ta pugnacité.

Nous aurions pu penser que le plus dur était derrière nous, qu'on en avait assez bavé ! On l'a d'ailleurs pensé.

Le bonheur total nous a portés durant treize magnifiques années, ébranlé par l'annonce du pire. C'était notre destin. Celui d'une vie cruelle, forte, dramatique, souvent belle. Celui aussi d'une vie qui doit forcément avoir un sens.

Alors on fait quoi maintenant ? On fait quoi sans elle ? Comment trouver un nouveau sens à notre vie ? Comment retrouver le chemin de la vie ? Comment l'apprécier, elle qui a été si terrible, si injuste envers nous ? Comment profiter sans culpabiliser de revivre des instants de bonheur ? Comment rire sans avoir envie de pleurer ? Comment voir l'avenir sans ressasser le passé ? Comment reconstruire le bonheur quand nous avons vécu le plus grand des malheurs ?

Et bien, je suis intimement convaincu que la réponse est en nous. Comme Margaux l'est et le sera toujours. Il nous appartient de trouver cette réponse. Nous nous devons de grandir de cette terrible épreuve. De l'affronter bien de face, de lui montrer qu'un genou à terre c'est aussi pouvoir se relever, la tête haute. Pour repartir de plus belle vers le combat de la vie, qui peut aussi être belle. La tête haute pour faire vivre Margaux et son destin dans un engagement sans faille pour des causes solidaires, pour faire avancer cette recherche qui n'y arrive pas ou si peu. Pour que Floriane s'en sorte et voit la vie de façon positive, et pour que nous aussi avancions dans notre vie de couple, dans notre vie professionnelle. Et si nous arrivons à faire avancer les choses, si Floriane réussit dans ses projets, si nous nous accomplissons à nouveau nous aurons, malgré ce coup terrible du sort, réussi notre passage sur cette terre. Notre âme aura grandi.

C'est à présent notre défi parce qu'il en était ainsi, parce que c'est notre destin, parce que c'était le sien.

Olivier, ton mari qui t'aime très fort.

Ma petite Floriane,

Tu ignores tout de moi, pourtant je te connais très bien. Je sais tes rêves, tes espoirs, tes envies, tes douleurs. Je veille sur toi, de loin, comme le ferait ta grande sœur. Celle qui n'est plus auprès de toi, qui te manque, et que tu pleures. Le soir, dans les songes des filles de ton âge, le ciel est bleu et le soleil lumineux. Mais dans ta chambre, petite Floriane, un monstre affreux s'est installé. Il a pris, sans crier gare, la place de la jolie fée qui te contait, chaque nuit, une histoire à la douceur infinie.

La mine défaite de tes parents, la peur accrochée sur le visage de ta sœur et tes angoisses ont bouleversé ton quotidien à tout jamais. Les moments heureux ont laissé place aux rendez-vous médicaux et aux allers-retours dans les hôpitaux. Le noyau familial a volé en éclats. Les amis et la famille se relaient jour après jour pour te garder, pendant que ta maman et ton papa mènent le plus gros combat de leur vie. Ta maison n'est plus réellement le foyer dans lequel tu grandissais jusque-là.

Impossible de dire à tes proches combien ils te manquent. Du haut de tes dix ans, tu tentes de ne pas ajouter de peine à la peine. Alors, inconsciemment, tu te rebelles... Ta grande sœur est ton modèle, ton repère. De vos éclats de rire à vos éclats de voix, il n'y a parfois eu qu'un pas. Il est incompréhensible pour toi que cela ne soit plus le cas. Que la maladie ait terrassé votre complicité et vos plus tendres années.

Comme pour te persuader que ton aînée est bien vivante, tu te montres dure avec elle. Cela ne semble pas la déranger. Pour un peu, on pourrait croire qu'elle a fini par s'en accommoder telles les preuves ultimes de sa maturité et de sa générosité. La peur de la perdre te transperce l'estomac. Impossible de verbaliser ces émotions que tu ignorais jusque-là. L'insolence et la colère sont devenues tes remparts face à l'adversité.

Avant le drame, ta vie était douce et heureuse. Personne ne t'avait prévenue que cela peut un jour s'arrêter. Que la mort viendrait tout ébranler ! D'ailleurs, que sait-on de la mort à douze ans ? Comment comprendre ce que les adultes ont quelquefois du mal à expliquer aux enfants ? Les souvenirs joyeux voudraient chasser les images difficiles qui hantent tes pensées. Mais ce sont elles qui dansent chaque soir dans la pénombre de ta chambre à l'abri des regards. Crois-moi, le temps fera son œuvre. Le plus douloureux laissera place au plus heureux.

Pour grandir et s'épanouir, il faudra accepter l'idée que ta sœur chérie s'est envolée. Que votre lien physique n'est plus. Ta sœur a existé et fera partie de ta vie pour toujours. Aussi, quand la question de la fratrie te sera posée, si tu en as la force, ne baisse pas la tête. Tu n'es pas veuve. Tu n'es pas orpheline. Mais tu connais le deuil comme tous les membres de ta famille. D'ailleurs, quel terme emploie-t-on pour les frères et sœurs décédés ? Je me le suis souvent demandé...

À l'école, tu as la sensation que tes camarades ne comprennent pas ta douleur. Si les adultes ont du mal à évoquer le deuil, je te laisse imaginer ce que cela représente pour les enfants. Justement, peu de choses... Durant ton année scolaire, tu seras celle qui a perdu sa sœur. L'année suivante, tes copains de classe auront peut-être un peu oublié. Alors, tu te sentiras esseulée.

Pour la première fois de ta vie, tu comprendras ce que veut dire le mot « indulgence ». Tu chercheras à trouver des excuses à toutes les personnes qui commettent des impairs. Les phrases maladroites, les regards baissés et les amnésies indélicates sur ta situation te feront souvent courber l'échine. Mais au bout du bout, tu en tireras de grandes leçons. Alors, tu apprécieras davantage les petits riens du quotidien, un peu délaissés par ta génération.

Si tu te sens quelquefois en décalage avec les jeunes gens de ton âge, ne sois pas effrayée. Comment construire les bases solides d'une vie en sachant que le sol, parfois, se ramollit ? Comment assumer l'adolescence alors que la mort a décimé une partie de l'enfance ? Comment faire confiance, quand les plus proches se sont éloignés au moment où tout a basculé ? Comment ne pas attiser la pitié ? Comment être appréciée pour celle que l'on est et non pas pour ce qui est arrivé ? Comment retrouver sa place dans une famille meurtrie ? Comment s'épanouir à l'ombre d'une sœur trop tôt partie ? Comment vivre et devenir ? Tout simplement...

Tu rêveras d'avoir un petit frère ou une petite sœur. Loin de toi l'idée de remplacer Margaux. Comme dans toutes les fratries, chacun aurait sa place. Mais parce que tu ne voudras pas être seule. Une envie profonde de partager ta vie avec un benjamin, de ne pas être « enfant unique » et de faire renaître dans votre foyer une famille aimante et soudée. Je suis certaine que tu aurais été une super grande sœur, tu avais eu un très bon modèle.

Je connais déjà ton futur, mais je ne te le dévoilerai pas. Je souhaiterais simplement te demander une faveur... Tu n'es qu'une petite fille. Tes paroles et tes actes sont dictés par la peur et l'insécurité. Ne laisse jamais la culpabilité tapisser ton enfance. Alors, tu apprendras à te faire confiance et tu vivras tous ces grands moments qui font l'adolescence. Ils m'ont tellement manqué...

Ce soir, je dépose cette lettre avec amour et bienveillance sur ta table de chevet. Pour que tu saches que tu deviendras une jeune femme heureuse et épanouie. Que tu vas gagner en confiance en toi, atteindre tes objectifs et croquer la vie à pleines dents. Aussi, tu seras fière de ton parcours.

Si tu en doutes aujourd'hui, aie confiance, tu peux croire en la vie.

Avec mon regard d'adulte sur la petite fille que j'étais...

Floriane.

Chère Margaux

Qu'est-ce qu'un docteur peut dire à sa jeune patiente partie trop tôt car elle n'avait pas les moyens de l'empêcher ?

Comment expliquer cette « petite » cicatrice supplémentaire dans son cœur qui pousse à avancer pour changer cette injuste situation ? Alors que pour toi et pour ta famille c'est un bouleversement immense.

Comment expliquer l'admiration que j'ai pour votre force et votre altruisme ?

Comment expliquer la beauté que je vois dans cette situation si triste ? Cette beauté d'âme qui pousse une jeune fille à ouvrir une collecte de fonds pour la recherche contre le cancer alors qu'elle-même ne pourra en bénéficier et qu'elle devrait vivre dans l'insouciance et la construction de projets d'avenir.

Cette incroyable cohésion familiale qui permet d'accompagner dans la vie l'enfant aimé jusqu'au bout et au-delà. Cet élan de générosité qui fait boule de neige pour que d'autres familles n'aient pas à affronter cette terrible épreuve.

Quand, à la fin d'une course de levée de fonds pour la recherche contre les cancers de l'enfant, je suis allée voir tes parents en leur expliquant qu'un consortium européen cherchait des parents anglophones pour faire du lobbying auprès de la Commission européenne pour aider à avoir des moyens pour l'innovation thérapeutique dans les cancers de l'enfant et adolescent, je n'imaginais pas ce qui allait arriver par la suite.

La création de l'association Imagine for Margo, la première course caritative montée en quelques mois, les nombreuses courses qui suivirent, la mobilisation et l'élan de générosité que cela a créé en France, en Europe et au-delà..., permettant réellement à « Innovative Therapies for children with cancer » d'avoir les moyens pour changer le devenir de tous ces enfants et jeunes atteints de cancer.

Dix ans après, tu serais tellement fière de ce que ta famille a accompli. Car c'est bien la réussite de toute une famille et de toutes les autres qui ont rejoint cet élan de générosité.

J'ai animé un jour un débat après un film parlant d'adolescents et de jeunes adultes atteints de cancer. Malgré son apparence hollywoodienne superficielle, le fil rouge de ce film était : « que se passera-t-il après moi ? ». Je n'avais jamais pensé à cela avant, qu'un jeune atteint de cancer puisse être inquiet pour ceux qui restent après eux, et inquiet de ce qui restera de leur vie.

Pour toi, le mot qui me vient c'est ESPOIR !

C'est l'héritage que tu nous as laissé à tous, jeunes malades, familles, chercheurs et soignants.

Merci,

Dr Nathalie GASPAR

XXI

Regarder devant

C'est fini...

Nos super animateurs ont sonné la fin des festivités. Les personnalités ont rangé les guitares, les micros et les vestes à paillettes. Les coureurs sont partis, promettant de revenir l'année prochaine. Le démontage des stands a démarré.

C'est fini...

Nous voilà de retour à la maison, au calme. Le silence assourdissant contraste avec le brouhaha et l'effervescence de la matinée. Nous voilà seuls alors que nous étions plus de six-mille il y a deux heures encore.

C'est fini...

Pour cette année. Mais nous reviendrons, encore plus fort, en septembre prochain. Car pour toi Margaux, et pour tous les autres, ce ne sera jamais la fin.

Notre corps a des ressources incroyables.

Pendant la maladie de Margaux, chaque rendez-vous, chaque examen, chaque IRM, chaque séance de radiothérapie (trente-six au total), chaque séance de chimiothérapie, chaque opération du cerveau et la surveillance quotidienne des symptômes ont été des moments de stress inimaginables.

Nous avons traversé seize mois de montagnes russes émotionnelles. J'ai reçu les étapes de l'évolution de la maladie comme des coups de massue.

Il arrivait que Margaux aille mieux, ouvrant de petites brèches sur l'espoir. Une seule fois, le terme de rémission a été évoqué. Nous y avons cru très fort, trop…

Il y a eu les annonces violentes, marquées au fer rouge dans ma chair. Je pense notamment à cette fois où, de retour de sa quatrième opération du cerveau à Necker, le médecin nous a fait savoir qu'elle resterait peut-être « comme ça ». C'est-à-dire sans bouger, sans réagir, amorphe dans son lit.

Jamais, je n'aurais imaginé pouvoir supporter tout cela. Pourtant, une force insoupçonnée s'est développée en moi. Une force venue du plus profond de mon être, presque irréelle. Une force qui m'a aidée à affronter les coups et à faire face.

J'ai appris à me contrôler, à ne pas hurler à l'injustice, à attendre durant des heures sur les chaises dures, à détecter les signes qui ne trompent pas, à prendre les nouvelles rassurantes dans les couloirs comme des cadeaux, à entendre les mauvais mots dans des bureaux impersonnels et froids ou par téléphone.

Oui, j'ai appris, bien malgré moi.

Il fallait que nous restions debout pour Margaux. Nous ne pouvions pas, nous n'avions pas le droit de baisser les bras, il y avait un combat à mener avec elle, auprès d'elle, pour elle.

*

Au décès de ma fille, je suis entrée dans une période irréelle, inconcevable. Je ne pouvais pas y croire, je ne voulais pas y croire, mon corps entier était anesthésié. Pourtant, je devais enterrer mon enfant.

Plonger dans les souvenirs heureux pour sélectionner les photos de Margaux. Écouter la musique et pleurer à n'en plus finir sur ses morceaux adorés. Recevoir les propositions de textes et d'hommages pour la raconter. Avec le recul, je sais qu'il faut une force surhumaine pour affronter tout cela. En même temps, je n'avais pas le choix.

Durant plusieurs jours, une enveloppe cotonneuse m'a donné la sensation de planer au-dessus de moi-même, spectatrice de ma propre vie. Une sensation inexplicable, mais salutaire m'ayant permis d'accompagner Olivier aux pompes funèbres. Alors que nous devions choisir le cercueil de notre enfant et la dorure qui mettrait en valeur son prénom, c'en fut trop, je me suis écroulée, évanouie. Pour un peu, j'aurais voulu ne jamais me réveiller.

Nous fûmes très entourés.

Accompagner Margaux pour son ultime voyage était important pour notre famille, nos proches, nos collègues, les amis de nos filles. Chacun a contribué à rendre ce dernier hommage poignant et beau. Les photos imprimées par Marie-Anne, la sublime lettre de Philippe, la présence du prêtre américain ayant baptisé Margaux, la salle prêtée par le Maire de notre ville... Tout était réuni pour faire de cet adieu un moment de communion.

Après des mois de combat, après la cérémonie, après le départ de l'entourage, le silence s'est imposé chez nous sans ménagement. Seuls, qu'allions-nous faire dorénavant ? Qu'allait devenir notre famille ?

Partir loin, au Mexique, fut notre salut. Une fuite en avant ? Certainement.

Au soir de notre arrivée, après un long voyage, deux oiseaux se sont invités face à la mer. Pour sûr, Margaux a rejoint Florian, le frère d'Olivier décédé tragiquement quelques années plus tôt, à Cancún.

*

Le temps des premières fois, sans Margaux, s'est abattu sur nous au lendemain de sa mort, avec la fête des Pères. Ont suivi les premiers anniversaires, le premier Noël, les premières vacances. Toutes ces dates qui ne sont plus des événements joyeux, toutes ces dates qui ravivent profondément la douleur.

J'ai mis des mois à installer le couvert pour trois personnes. Notre famille est composée de quatre membres…

J'ai longtemps lutté contre les insomnies. Le doux visage de ma fille, déformé par la maladie, a perturbé mes nuits pendant de longues années.

J'ai osé reprendre soin de moi, refaire du shopping grâce à mes amies, avec le temps. Luttant contre la culpabilité de me faire plaisir alors que Margaux était décédée.

Je ne voulais plus rencontrer de nouvelles personnes pour ne pas avoir à répondre à la terrible question « combien d'enfants avez-vous ? »

J'ai haï les cartes de vœux, aux images parfaites de familles unies et réunies. J'aimais tant envoyer cette photo familiale traditionnelle, avant. J'ai appris à les apprécier, de nouveau, doucement.

Je ne peux plus partager de beaux moments avec Margaux. Mais je garde des souvenirs merveilleux de notre vie ensemble. Si c'était à refaire, je ne changerais rien. Tout ce que Margaux a voulu faire, elle l'a fait. Tout ce que nous voulions faire avec elle, nous l'avons fait. Je n'ai aucun regret.

*

La chair de ma chair n'est plus là. Mon cœur de mère saigne constamment.

Je regarde Floriane qui a perdu sa sœur, son « modèle » comme elle dit. Elle est seule, sans être enfant unique. Que deviendra-t-elle si je ne suis plus là ? Elle a besoin de ses deux parents, de sa maman.

Olivier et moi avons survécu à une épreuve horrible, indescriptible. Cela nous a rapprochés. Les hauts et les bas, nous les avons vécus ensemble. Parfois en décalé, mais sans conflit. Les décisions difficiles ont été prises à deux. Prendre le temps de parler, avoir la patience d'écouter, trouver la force de nous épauler l'un l'autre. Telles furent nos clés.

Qu'aurait voulu Margaux ? Je me pose souvent la question. Ce dont je suis convaincue, c'est qu'elle n'aurait pas souhaité que son départ génère un cataclysme encore plus violent dans notre famille. Alors, j'ai décidé de rester sur terre, de protéger mon couple et de chérir ma fille cadette.

La vie doit continuer pour que Floriane soit la plus heureuse du monde. Prendre du temps pour elle, tout en étant à son écoute. Ne pas lui communiquer mon stress lorsqu'elle s'éloigne de moi. Accepter de la voir partir à l'étranger pour ses études. Apprécier notre complicité, la conseiller, admirer ses premiers pas dans la vie. Je sais dorénavant que tous ces instants sont une chance, immense.

Les épreuves nous transforment profondément.

Je m'évertue à ne plus douter, à ne pas remettre au lendemain, à profiter, à oser, à tenter de nouvelles aventures.

La vie doit continuer pour prolonger le combat de Margaux, pour rendre hommage à Margaux, pour aimer Margaux !

Je t'aime Margaux

Nous t'aimons Margaux,

Go, Fight, Win !

ÉPILOGUE

Imagine for Margo

Les années passent, Margaux nous manque toujours autant. Notre peine de l'avoir perdue reste intacte. L'association a transformé notre chagrin en quête de sens, telle une promesse de perpétuer le combat de notre enfant.

Septembre 2012

La première course « Enfants sans Cancer » réunit cinq-cents participants. Le principe est simple. Pour obtenir un dossard, il suffit d'ouvrir une cagnotte et de collecter des fonds.

Les coureurs sont allés au-delà de nos espérances. Le montant du premier chèque, alloué au financement du programme consacré aux tumeurs cérébrales, est de 200 000 euros. Et dire que le démarrage de ce programme était mis en pause depuis trois ans, par manque d'argent. Nous sommes enchantés de ce premier succès pour la recherche.

Heureusement, nous n'avons pas écouté les donneurs de leçons. Ceux qui nous expliquaient que les courses étaient déjà trop nombreuses en région parisienne. Ceux qui affirmaient que la communication autour du cancer n'avait rien d'attractif. Ceux qui minimisaient la générosité des Français.

Heureusement que nous nous sommes fait confiance, n'hésitant pas à financer la première course sur nos deniers personnels.

2012-2014

Durant deux ans, Imagine for Margo est portée par les membres du conseil d'administration, tous bénévoles. Ils n'hésitent pas à contacter leurs réseaux professionnels et personnels pour trouver des partenaires sérieux et engagés. Ils œuvrent sans relâche sur les outils de communication, déterminent les couleurs des tee-shirts qui nous permettront d'être identifiables, dénichent les goodies à vendre, tapent aux portes, décrochent les téléphones, prennent en main la comptabilité. Leur abnégation est totale.

Sous nos yeux ébahis, naît une petite start-up, dont le seul but est de s'attaquer au fléau du cancer pédiatrique. Celui qui détruit bien trop de familles.

L'ampleur du projet m'amène à reconsidérer ma vie professionnelle. L'entreprise pour laquelle je travaille propose un plan de départ. Sans aucun doute ni regret, je quitte le milieu bancaire pour celui de l'associatif.

Sabrina fut la première salariée de l'équipe, suivie par Aude. Elles ont eu le courage d'accepter un emploi basé à notre domicile et de partager leur bureau dans la chambre d'amis. Cela a forgé une grande complicité entre elles. Sabrina et Aude sont toujours présentes à nos côtés aujourd'hui.

L'association a envahi la maison : allers-retours des bénévoles, cartons et banderoles dans le garage, bureaux supplémentaires installés dans le salon. Je comprends que ce cadre de vie n'est pas facile à apprivoiser pour Floriane. Alors qu'elle s'apprête à passer son bac de français, notre monde tourne autour de l'association.

C'est grâce à Frédéric, papa de Noé et nouvel administrateur, que le miracle se produit. En gagnant la somme incroyable de cent-cinquante-mille euros à un jeu télévisé, nous pouvons nous permettre de déménager dans de vrais locaux. Notre maison redevient notre foyer.

Imagine for Margo connaît un développement qui va au-delà de nos espérances.

*

Depuis 12 ans maintenant...

Nous faisons la guerre au cancer. Notre équipe compte douze salariés ultras motivés, de nombreux partenaires fidèles, des centaines de bénévoles et ambassadeurs dévoués. Sans eux, rien n'aurait été possible et je leur en suis extrêmement reconnaissante.

Les manifestations organisées tout au long de l'année sont nombreuses : Courses Enfants sans Cancer, rallyes du cœur, éclair day, concerts et dossards solidaires. Grâce à toutes nos actions, Imagine for Margo est rapidement devenue l'association française finançant le plus la recherche sur les cancers pédiatriques.

Cette décennie ne fut pas vaine, je suis fière du chemin parcouru. Tous ensemble, nous avons construit le « Go » et le « Fight » si chers à Margaux.

Tous ensemble, nous avons remporté des victoires. Tous ensemble, nous marchons vers le « Win » rêvé de notre fille.

Plus de vingt millions d'euros ont été alloués à soixante-et-un programmes de recherche français et européens. Des fonds qui ont permis d'accélérer l'accès à la médecine de précision, de guérir tout en amoindrissant les séquelles et d'augmenter la survie des patients dans certains types de cancers.

Mieux comprendre et guérir plus :

Grâce au cofinancement des premiers programmes de séquençages complets des tumeurs des enfants, les chercheurs ont pu identifier les anomalies moléculaires spécifiques à chacun. Il fallait trouver « le talon d'Achille de la tumeur », pour proposer le traitement le mieux adapté. Ces séquençages sont maintenant réalisés en routine et financés par l'État.

Lorsque le larotrectinib (ciblant l'anomalie NTRK), a été disponible, les médecins ont pu identifier les enfants ayant cette anomalie moléculaire. Les jeunes malades se sont vus administrer un traitement spécifique. Les tumeurs ont régressé en quelques jours, sauvant des vies et évitant des chirurgies mutilantes.

Dès la fondation de l'association, nous avons souhaité participer aux recherches sur le gliome infiltrant du tronc cérébral. Un cancer très agressif du cerveau qui ne laissait en moyenne que neuf mois de survie après le diagnostic. Imagine for Margo a participé au programme BIOMEDE, porté par le Dr Grill de Gustave Roussy.

Nous avons financé des formations de chirurgiens pour pratiquer les biopsies dans cette partie du cerveau particulièrement délicate. L'enjeu était de réaliser les séquençages complets des tumeurs dès le diagnostic pour les comprendre et les caractériser. Il fallait les analyser en profondeur pour identifier le meilleur traitement possible et disponible.

Début 2024, nous apprenions que huit enfants de l'essai BIOMEDE sont considérés comme longs survivants. Un jeune garçon, dont la tumeur a disparu alors qu'il ne prend plus de traitement depuis dix-huit mois, a fait la une de nombreux journaux. Il est porteur d'espoir pour de nombreuses familles et nous en sommes très heureux.

Ce fut une forte émotion pour nous d'apprendre que Margaux avait, elle aussi, une des deux anomalies moléculaires identifiées dans BIOMEDE. Aurait-elle pu guérir, elle aussi ? Nous ne le savons pas encore. Mais cela prouve que notre combat est utile.

Il faut maintenant aider les médecins à comprendre pourquoi ces enfants sont guéris et pas les autres, dans le but ultime de trouver le moyen de les guérir tous. Le temps nous est compté, il n'est pas concevable pour nous d'attendre encore dix ans.

BIOMEDE 2, que nous cofinançons, se poursuit. Il s'adresse aussi aux adultes atteints par ce type de cancer. Preuve que les progrès chez les enfants peuvent aussi bénéficier aux adultes.

Construire de nouveaux types d'essais cliniques et accélérer l'accès aux nouveaux traitements :

Portés par l'urgence d'agir, nous ne pouvions pas nous résoudre à attendre trois à quatre ans pour l'ouverture des essais cliniques que nous financions. C'est pourquoi nous avons fortement œuvré pour la mise en place, en Europe, de l'essai clinique ACSE ESMART. Un essai unique au monde piloté par la France permettant de tester, dans un même programme, plusieurs médicaments pour tous types de tumeurs, et provenant de différents laboratoires pharmaceutiques. Un programme cofinancé avec l'Institut National du cancer et la Fondation ARC.

Résultat : Seize nouveaux traitements testés en seulement huit années. Alors que cela aurait pu prendre près de cinquante ans en les proposant les uns après les autres !

Faire des cancers pédiatriques une priorité nationale et européenne :

En Europe, la mobilisation conjointe avec les associations européennes de Childhood Cancer International-Europe et les médecins de la SIOPE[1], a permis d'obtenir des mesures dédiées aux cancers pédiatriques dans « le premier plan cancer européen »

1 Société Internationale d'Oncologie Pédiatrique - Europe

ainsi que dans « la mission cancer » (recherche et innovation).

Il est indispensable d'être au cœur des décisions afin de porter la voix des patients.

En France, la mobilisation conjointe avec le collectif associatif GRAVIR a permis d'obtenir des mesures dédiées aux cancers pédiatriques dans la stratégie décennale sur le cancer. Ainsi que des fonds dédiés à la recherche.

Dès 2014, nous avons créé le colloque FAST. Un colloque important durant lequel des scientifiques présentent les progrès récents. Et ce, sous le haut patronage du Président du Sénat, Gérard Larcher. Une occasion d'interpeller les parlementaires, les institutionnels et les laboratoires pharmaceutiques sur les freins, les contraintes et les défis encore nombreux à relever.

Grâce au sénateur Alain Gournac, à la sénatrice Catherine Deroche, à Nathalie Bahier, à Jérôme Serri et à notre fidèle animateur Thierry Guerrier, ce colloque est devenu un événement référent.

Fédérer les associations européennes et financer ensemble la recherche :

Durant le Covid, fut lancée l'initiative « Fight Kids Cancer ». Une initiative pour laquelle je suis épaulée par mes collègues et amies. Delphine Heenen, Présidente de la fondation belge KickCancer, et Anne Goeres, Directrice générale de fondation luxembourgeoise kriibskrank Kanner.

Fight Kids Cancer est un appel à projets européens inédit, destiné à financer les meilleurs projets sur les cancers de l'enfant.

Depuis sa création, en 2020, près de vingt millions d'euros ont été affectés à trente projets de recherche européens sélectionnés par notre comité scientifique international. Deux nouvelles associations, CRIS Cancer foundation en Espagne et KIKA aux Pays-Bas ont rejoint l'initiative en 2023. L'ambition est claire, attirer encore de nouveaux partenaires pour allouer dix millions d'euros chaque année à la recherche d'ici 2025.

Les critères de sélection des projets sont l'excellence scientifique et la collaboration entre les équipes en Europe. Avec une priorité donnée sur les programmes qui auront le plus d'impact pour les enfants.

Il était indispensable de fédérer les financements associatifs, de réunir nos fonds pour financer la recherche en dehors de nos propres pays.

En quatre ans, Fight Kids Cancer a affecté autant de fonds à la recherche que l'association en onze années.

Une nouvelle étape reste à construire, celle de créer un environnement économique incitatif, à la fois collaboratif et solidaire, dédié aux cancers de l'enfant.

Imaginer un nouveau modèle économique et changer d'échelle :

Pour y arriver, nous avons procédé par étapes, afin d'instaurer la confiance. Cela a démarré par la rédaction d'une charte d'engagement sur les cancers de l'enfant. Elle fut signée lors du colloque FAST 2022 par les présidents des grands centres de soins et de recherche en France, les dirigeants de laboratoires pharmaceutiques, des associations et des parlementaires influents. Tous se sont engagés formellement à mettre en œuvre les moyens nécessaires à l'accélération de la recherche.

L'association s'est ensuite dotée d'un Comité d'orientation stratégique dont les membres ont été choisis pour leur renommée, leur expertise et leur complémentarité. Tous ont généreusement accepté de rejoindre l'association afin de mettre en œuvre cette charte. Je tiens à remercier tous les membres :

La Pr Agnès Buzyn, hématologue, ex-ministre de la Santé, ex-présidente de l'Institut National du Cancer et de la haute autorité de santé.

Le Pr Gilles Vassal, oncologue pédiatre et président du réseau européen ITCC (Innovative Therapies for Children with Cancer).

Le Pr Patrick Errard, ex-président du Leem et membre du comité innovation du MEDEF.

Sophie Gilhodes, administratrice de l'association et spécialisée dans le business développement et la RSE des entreprises.

Ensemble, avec des signataires de la charte, nous avons imaginé le premier modèle d'économie collaborative et solidaire dédié au développement de nouveaux médicaments en oncopédiatrie. Sa réalisation concrète sera un point d'étape majeur pour changer l'avenir des enfants et des adolescents atteints de cancer.

*

Nous avons décidé de faire la guerre au cancer et nous avons gagné de belles batailles. Mais le combat n'est pas terminé.

Je sais que le temps est compté, nous devons agir au plus vite. Il faut que les enfants puissent guérir et vivre leur vie d'adulte. Et ce, avec le moins de séquelles possible. Notre volonté, assumée, est de briser le plafond de verre du taux de survie qui n'a quasiment pas évolué ces quinze dernières années pour éradiquer définitivement le cancer pédiatrique.

Aujourd'hui, de nombreux enfants, adolescents et jeunes adultes en rémission assistent à la course « Enfants sans Cancer ». Évidemment, j'aimerais que Margaux soit là. Je sens sa présence invisible et secrète. Elle nous épaule dans ce combat que nous menons chaque jour pour les familles.

Olivier et Floriane me donnent la force de continuer à aimer la vie. Nous sommes restés une famille unie.

Remerciements

J'ai longtemps hésité à poser des mots sur les maux pour écrire notre histoire. Olivier et Maddy avaient initié le projet dès le décès de Margaux, mais je n'avais pas réussi à y contribuer. Trop difficile, trop tôt peut-être. Dix années sont passées, l'idée a germé. Une graine plantée par Floriane dans mon esprit, éclose grâce à la plume d'Emmanuelle. Le temps était venu pour moi de raconter ma fille, ma famille, notre vie, notre combat, ma résilience. Et ce, pour aider d'autres familles à surmonter un drame.

Je voudrais remercier les personnes qui m'ont soutenu avant, durant et depuis le départ de Margaux. Un séisme qui a transformé, pour toujours, la femme que je suis. En commençant par Olivier, mon mari, mon pilier. Ensemble, nous avons connu le meilleur et aussi le pire. La lumière ne s'est jamais éteinte dans notre foyer, en grande partie grâce à lui.

Merci à ma fille, Floriane. Je la regarde devenir une femme, s'épanouir chaque année un peu plus. Elle est ma fierté et mon bonheur.

Je pense à mes parents. Leur présence emplie de bienveillance, leurs douces attentions, leur amour profond pour nous quatre sont des cadeaux précieux.

J'ai une tendre pensée pour Maddy. Aurais-je eu la force de me lancer dans l'écriture si elle ne m'avait pas ouvert la voie ? Son premier manuscrit fut une source d'inspiration. Ici, je voudrais lui dire combien Michel et elles ont égayé notre quotidien face à l'adversité.

À toi, Alain, qui nous as prodigué de précieux conseils au sujet des soins de support. Tu fus l'organisateur de vacances merveilleuses pour Margaux. Des souvenirs gravés dans nos mémoires pour toujours, cela n'a pas de prix.

Je suis émue en pensant à mon frère et à ma belle-sœur, tellement attachés à leur filleule. Margaux adorait les jolies tenues offertes par sa tante. La distance n'a jamais entaché nos liens.

Ma cousine Corinne et les siens ont insufflé, dans nos vies, une énergie positive tout au long du combat. Merci pour nos dernières vacances avec Margaux, inoubliables, en Corse. Merci pour tous les Halloweens et autres moments en famille. Je voudrais te rendre hommage, ma chère cousine pour ton écoute attentive et réconfortante. Toi qui as perdu ta sœur et ton frère de cette terrible maladie.

Mon cœur se tourne vers New York où nos amis ont initié « Running for Margo ». Les innombrables messages reçus de la part des coureurs ont tellement aidé notre enfant. Je souhaite embrasser ici Caroline, Jerry, Sophie et Jérôme. Leurs hommages à Kane Park et à la French American School of New York ont laissé une empreinte indélébile de notre fille outre-Atlantique. Nous suivons avec émotion tous les exploits sportifs de Jérôme depuis tant d'années aux couleurs de l'association. Grâce à eux, une antenne « Imagine For Margo » existe à New York.

La venue du père Murray pour la cérémonie d'enterrement était très importante pour nous. Ce fut possible grâce à Valérie et Jean-Marc, je leur en serai éternellement reconnaissante. À l'évocation de ce jour difficile, je pense à Emy et Juicy. Elles ont une place très particulière dans mon cœur.

La vie est faite de rencontres. Mes amies d'enfance, Sylvie et Anne, sont à mes côtés depuis toujours. Je mesure ma chance d'avoir deux merveilleuses confidentes, sans lesquelles je me serais si souvent effondrée. Je souhaite leur dire combien je les aime.

Les amies de Margaux sont aussi importantes que les miennes. Ses « Best Friends Forever » (BFF) des USA, celles de l'Institut Notre-Dame et toutes les autres trouveront toujours la porte de notre maison ouverte.

L'équipe éducative de l'Institut Notre-Dame fut extraordinaire. Merci aux professeurs venus aider Margaux pendant la maladie, à tous les élèves, à tous les enseignants, à la pastorale et à la Direction. Tous continuent à se mobiliser pour l'association, un soutien qui me tient particulièrement à cœur.

Mon entourage professionnel a été d'une extrême empathie. Merci à Didier, Édouard Malo, Jean-Louis, Jean-Didier, Bruno et Stéphane, mes responsables hiérarchiques à l'époque. Je voudrais également saluer tous mes collègues devenus, pour certains, bénévoles ou donateurs de l'association.

Nous avons côtoyé les médecins durant seize mois avec l'espoir de sauver notre fille. Nous travaillons dorénavant avec eux pour guérir tous les enfants. Je le dois au Professeur Vassal qui m'a initiée aux défis de l'oncopédiatrie, lui qui m'a fait confiance. Monsieur, recevez mes remerciements les plus sincères pour notre collaboration, si précieuse, depuis la création de l'association.

Je pense également au Docteur Gaspar, au Docteur Grill et au Docteur Valteau-Couanet de Gustave Roussy. Ainsi qu'au Docteur Pellegrino et au personnel de l'hôpital de Poissy. Ils ont suivi et soigné Margaux quotidiennement, du premier au dernier jour.

Mon admiration est sans pareille à l'égard des soignants, médecins et chercheurs. J'admire leur travail et leur dévouement auprès des enfants et de tous les malades. Que ferions-nous sans eux ?

Merci à Christine Géricot pour les moments réconfortants à l'atelier d'arts plastiques de Gustave Roussy.

L'association Imagine for Margo s'est développée grâce à des personnes extraordinaires, altruistes, compétentes et engagées. Nous n'aurions jamais eu un tel impact sans l'incroyable dévouement des membres du conseil d'administration, de l'équipe de salariés, de nos partenaires, des ambassadeurs, des bénévoles, de nos amis de France et de New York, et de tous ceux qui nous ont rejoints dans cette aventure humaine.

J'ai une pensée pour chacun, tenant à leur exprimer toute ma gratitude.

Nous ne sommes pas seuls dans notre quête. Merci à tous les représentants d'associations, qui se battent, eux aussi, pour un monde meilleur.

Écrire un livre n'est pas un exercice facile. Je voudrais saluer celles et ceux qui ont eu la gentillesse de lire ce manuscrit. Leurs avis et conseils furent précieux.

Enfin, un grand merci à Emmanuelle qui a merveilleusement recueilli mes confidences. Je fus guidée par sa bienveillance. Grâce à elle, vous tenez dans vos mains l'ouvrage qui me tient à cœur, pour Floriane et en hommage à Margaux.

Table des matières

Vous souhaitez faire un don pour la recherche
contre le cancer des enfants ?
Scannez le QR code ci-après

Cet ouvrage a été composé par Et Ma Plume
Imprimé en France par Isiprint
Numéro d'impression : 202405.0264
Dépot légal : juin 2024
Premier tirage : juin 2024